たった三回会うだけでその人の本質がわかる

植木理恵

講談社+α文庫

文庫版まえがき

いま日本は、東日本大震災という未曾有の大惨事を、なんとか乗り越えよう、そして前に進もうと頑張っています。地震直後、私は福島や岩手の避難所に、講演やカウンセリングのボランティアに出掛けてきたのですが、被災現場でまず目にしたのは、老若男女のご遺体が重なり合っている、地獄の景色でした。

アメリカ、スペイン、中国に住んでいる友人たちは、「ニュースでこんなに日本人の遺体を見て、本当に驚いた。なんて大変なことが起きているの……」と、私の住む東京在住の誰よりも、激しい戦慄を覚えているようです。

しかし、日本の報道映像を見ると、そんな悲惨な場面は完全にカットされています。津波で何もかもなくなってしまった市街地や、置き去りにされた車や船、建物だけが、長々と映されているのが現状です。遺体などは決して映されません。おそらく、国民にパニックを起こさせないための、報道コントロールがなされているのでしょう。

私は、もうその時点で、報道の危機管理の甘さを痛感しました。私たちは、政府や東電から「たいしたことないよ、まだわかんないけど」と、初期のうちから半ば騙されたのです。

心理学的には、今回のような危機的な状態のときに説明責任を果たすリーダーの役割として、つぎの三つが重視されるべきだと考えられます。

①まずは、あえてリスクをすべて明かすこと。そのうえで、過度に不安をもって自己判断をすると、こんなリスクが伴うという説明をすること。（↓先にグッドニュースによって安心させ、やはり第2号機も、第3号機もメルトダウン……といったバッドニュースがジワジワとあとからついてくるのは、最も人の恐怖心を煽り、信頼を失するから）

②今後、具体的にどう生活していけばいいのかという、「行動レベル」での指針を示すこと。原子炉等の現状説明も大切だが、「だから、国民はこういう生活を送るのが、中長期的に最も安全」という、未来のディレクションをすること。（↓人はもともと展望を知りたがるものである。しかしこのような有事のときは、今後どう動けばいいのかという判断力・決断力が低下するので、力強いサジェスチョンをする人物が

必要である）

③発表者個人の推測ではなく、データに基づいたことしか口にしないこと。（本文中にもあるが、ポジティブなときには「タウリン１０００mgで元気！」といった切りのいい数値のほうが信憑性があるが、ネガティブなときは、小数第４位くらいまで詳細に知らされたほうが、相手を信頼できる。会見ではただ話すだけでなく、グラフやデータなどの視覚的なものを駆使して、客観的数値を国民感覚でも実感できるように工夫して伝えることが求められる）

議員や東電の方々の中には、「とても残念です」「本当に驚きました」などと、自分の感想ばかりを述べている人が散見されました。しかし、そういう態度は怒りを買います。国民感情としては、「あなたの気持ちなんて、いまはどうでもいい。他人事のように話すな」という雰囲気になっても仕方がないのかもしれません。

日々、命をかけて尽力なさっている東電の方々には大変失礼ですが、このような有事は十分予測できたわけですから、もっと大衆心理に沿った心理話法を学んでおくべきだったのではないでしょうか。

本書では、人のさりげない言葉や態度が、他者の記憶にどのようにインプットされ、それがどう歪《ゆが》んでいき、アウトプットされるのかという記憶のメカニズムを、記憶心理学研究の知見からまとめてあります。本書は「採用面接時の記憶違い」を一貫して例にあげていますが、もちろんその場面にとどまらず、さまざまな出会いやリーダーシップに応用できます。

また、人間の「記憶」というものがいかにアテにならないか、そして、神はなぜ、人間をそんな中途半端な生き物にとどめたのかという、奥深い理由について解説してあります。自分自身の脳メカニズムを知り、他者の言葉に、よい意味で批判的になれるよう願っております。

２０１１年６月　　植木理恵

はじめに

「ああ、自分はなんて人を見る目がないんだろう」

今日もまた、こんな嘆きが聞こえてくる。

信じた相手にウソをつかれた。期待して仕事を頼んだら、途中で無責任に放り出された。私には、人を見抜く力が欠けているのだろうか――。

でもよく考えたら、会社側にだって人を見る目なんてない。あの人はたいした実力もないのに、なぜあんなに上司から気に入られ、出世していくんだろう――。

人は、人を見誤るために生きているのかもしれない。

典型的なのは、採用面接だ。

大きな期待をかけて採用してみたものの、「こんなハズじゃなかった」「裏切られた」と、ガックリ肩を落とした経験がある人は多いだろう。むしろ、「期待以上の人だった！」なんて喜ばされるほうが、稀《まれ》なことかもしれない。

面接の場合、見誤りは、それだけではない。「買いかぶり」と同じように、「見落とし」というミスも頻発している。スゴい潜在能力をもっている人材が、せっかく目の前に座っていたにもかかわらず、面接官がそこのところを見抜けずに、バッサリ不採用にしてしまう。そういう、もったいないケースだって多いのだ。

2種類の見誤りを両方ともゼロにする、これは容易なことではない。ことに「面接」という、短時間で特殊な場面では。ここで相手を正しく見すえ、買いかぶりもしなければ見落としもしない……、それはもう至難の業《わざ》と言ってもいいかもしれない。

そもそも面接での第一印象なんて、実はあまり「アテにしてはならない」性質のもの。それはなぜかというと、「面接」という場面では、人間の見誤りが引き起こされやすくなる三大要因が、パーフェクトにそろっているからである。

見誤りが起きてしまう背景要因のひとつめ、それは、面接は常に人と人の対話形式ですすめられる、ということがあげられる。面接官の脳内には、すでにさまざまな知識や偏見が、たっぷり蓄えられている。だから、質疑応答という対話そのものの中に、どうしてもその個人的な偏見が、混入しやすくなるのである。

つまり、相手の情報を頭に取り込もうとする「インプット」の段階で、すでに主観によって歪められた情報を、取捨選択して取り込んでしまうのだ。いくら本人が気をつけているつもりでも、「対話」というものをすすめていくうちに、無意識のうちにそうなってしまうのだから、これは意外に厄介である。

そして、見誤りが起きてしまう背景要因の二つめ。これは当然のことだが、面接を受ける側に、「なんとかして雇ってもらいたい」という高いモチベーションがあることがあげられる。そう願っていれば、できるだけ自分を高く評価させるために、多かれ少なかれ、面接官をあざむいてやろうという気持ちもわいてくるものだ。

ただでさえ見抜くのが難しい短時間の対話形式であるうえに、被面接者のほうは、おのおの手練手管を尽して心理術を仕掛けてくる。そうなると、「本当はどんな人なのか」正しく見抜くことが、ますます難しく、ややこしい問題となってしまうのも無理はない。

そして三つめとしては、面接の合否の判断が、往々にしてしばらく時間が経過してからなされる、という状況要因があげられる。

あとになってたぐり寄せられた記憶……、これが実は本当にアテにならない。「あとあと思い出す」という行為をしている途中で、記憶はどんどん変容していくからだ。これも無意識のことだから、本当にタチが悪い。

つまり、情報を取り入れる「インプット」のときだけでなく、それを思い出す「アウトプット」の段階でも、知らないうちに偏った情報検出を行ってしまうのだ。

オーソドックスな面接法では、このようにエラーを引き起こす要因がパーフェクトにそろっている。だから、間違った採用をしてしまうのは、ある意味無理もないことかもしれない。必死になって相手を凝視したところで、見間違いや見当はずれは案外、簡単に起きてしまう。

しかし、かといってあきらめることはない。

私たち人間の誰もがもっている認知傾向について詳しく学び、心理学的に推奨される面接法について知っておくだけでも、それはかなり大きな武器となる。心理学的知識を保持していることによって、エラーは確実に減少するのだ。

そのうえ、相手側の仕掛けてくる「心理術」を見破るすべを身につければ、まさに鬼に金棒だろう。相手の心理術のトリックに惑わされることは、ほとんどゼロに等しくなる。したがって、採用して数ヵ月経って、「誰だ、あいつを採ったのは！」「なんでこんなヤツを選んでしまったの!?」と、社内で後ろ指を指されたりする事態は、もう二度となくなるだろう。

さあ、これから、「記憶」「印象」「欺瞞《ぎまん》」といった現象にフォーカスを合わせ、見誤りのメカニズムとそれを予防する対応策を、心理学の視点から徹底的に解明していこう。本書を読み終えた頃には、できる人、使える人を見抜くための、相当にクリテイカルな眼力が身についているはずである。これは自信をもって保証したいと思っている。

たくさんの人間ウォッチングをする、とにかく何度でも面接を繰り返す……、そういう物量的な経験則だけでは、「人を見抜く力」の獲得には、ある程度の限界がある。したがって、それに加えて「心理学」という学問的知識を頭に叩き込むことが、他の人に一歩も二歩も差をつけるためには不可欠である。

私は、「証拠」「実証」に裏打ちされた学問ベースの理論こそが、現場での実践力・応用力に、実は最も大きなヒントを与えると考えている。教養としての心理学を知っておくこと。これこそが、「人を見る力」「信用でき、優秀な人間を選び出す力」を身につけるための王道であり、また、いちばんの近道であると信じている。

２００８年春

植木理恵

目次

第3章 さらば間違いだらけの「人選び」——できる人を見抜く心理学 155

たった三回会うだけでその人の本質がわかる

第1章

人は、なぜ人を見誤るのか

――期待はずれが頻発する理由

1 1回めの見誤り
～インプットの罠

人間は見たいものだけを見る

口数の少ない女性がいる。彼女と出会ったとき、「遠慮深くて控えめな女」と頭にインプットする人もいれば、「主体性がなくて付き合いづらい女」と嫌がる人もいる。同様に、いかにもマジメな男性と話をして、「誠実で信頼できる」と絶賛する女性もいるが、また一方で「カタブツで退屈な男」と敬遠する人も少なくない。

まったく同じ人物を目の前にしながらも、その人に対して抱く感情は、このように驚くほど異なる。蓼《たで》食う虫も好き好き。第一印象の個人差は、私たちが自覚しているよりも、とにかくすごく大きいものだ。

それは、初対面のときに、そもそも「何を情報として頭にインプットするか」という情報の選択が、人によって異なるからである。

人間は、ほとんど主観でしか人間を見られない。印象形成において、人物に関する「客観的な」データは、実際はほとんどインプットされないのである。

つまり、「この人は声が高くて、シャツが濃紺で、靴が磨かれていて……」などと、ディテールを拾い上げながら吟味するような観察は、(占い師か心理学者以外)普通誰も行っていない。特に面接など、制限時間がある出会いの場では、そんな客観的処理はなおさらできなくなることが実証されている。

しかしその現実とは裏腹に、人は自分の客観的な観察能力を実際よりも高く見積もりすぎる傾向がある。口では謙遜していても、内心では、「俺だけはちゃんと見抜けているぞ」という確信度が高いという、調査結果もある。そのカン違い加減こそが、「期待はずれ」を生み出す、悲劇の始まりなのかもしれない。人は、他人の「あるがまま」をそのまま客観的に拾い上げ、公平に目の中にインプットすることはできない。あくまでも、「自分が見たいもの」だけを見る生き物なのだ。

半端な知識が見誤らせる

脳は、初対面の人間を客観的に分析するようには作られていない。私たちの思考形態は、コンピュータの解析法とは、手順がまったく違うのだ。まずはこの点を熟知しておくことが必要だろう。

いくら自分は客観的だと自負していたとしても、コンピュータのようなボトムアップ型（データ駆動型）の処理は、ほとんど行っていないことが実験でも示されている。むしろ私たちは、常にトップダウン型（理論駆動型）にものを見ていることが、心理学では常識となっているのだ。

ちょっとこの文章を読んでみてほしい。

I like the dogs and the c□ts.

あまり躊躇《ちゅうちょ》なく、「I like the dogs and the cats.」と読めるのではないだろうか。厳密には、「□」の中は不明のはずだが、だからといって「これは私には読めない」などとは思わない。

「cats」という単語をすでに知っているがゆえに、脳が「□」の部分に「a」のスペルを自動的に補い、勝手に

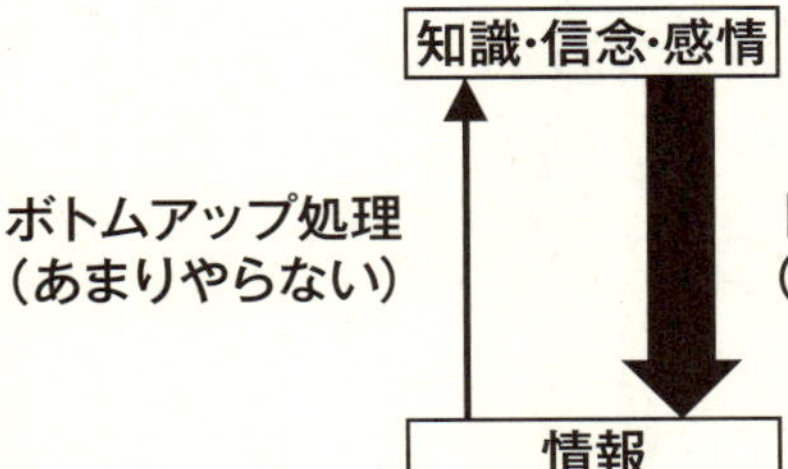

「cats」と読み取り、そしてもうそこで納得してしまう。これは、トップダウン処理（推論）の仕業である。

単語の知識がまったくなければ、「新種の単語でも生まれたのか」などと不思議に思い、いつまでもじっくりこの一文を眺め、いろいろと想像や推理を働かせるはずだ。つまり、ボトムアップ的にも考えてみるはずである。

ところが、生半可《なまはんか》に知識がある私たちは、「まあ、だいたいこんなもんでしょ」という具合に即座に判断を下し、その先はもう考えることをストップしてしまう。賢さが創造性を狭めてしまうのだ。

これと同じ現象を、ほかの例でも考えてみよう。次のクイズを考えてみてほしい。

テーブルや床には、直接ロウソクを立てられないとする。下の絵に示された材料だけを使って、なんとかロウソクを立てて火をつけてほしい。

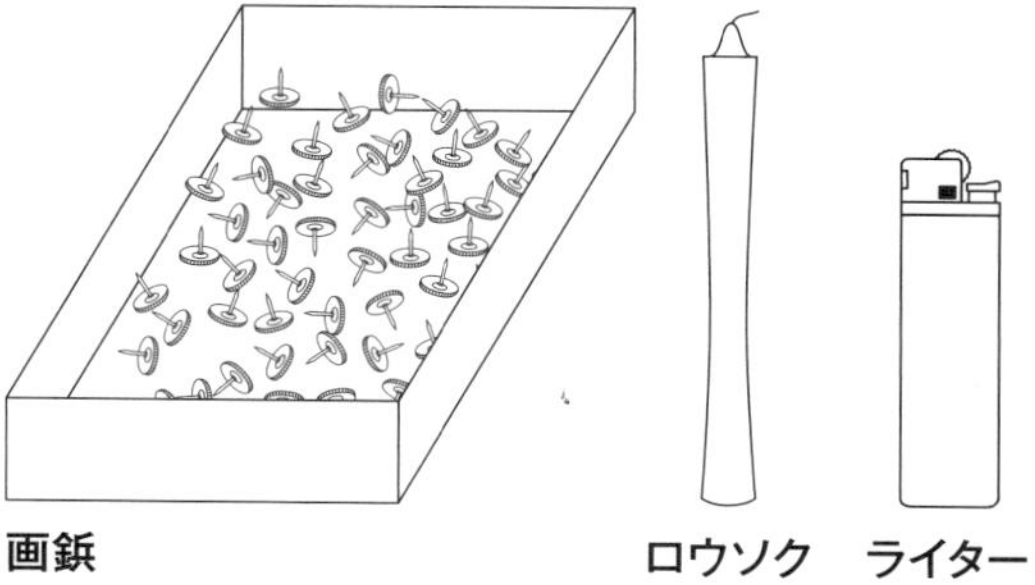

このシンプルな問題が、考えてみると意外に難しい。有名大学の学生であっても、1割程度しかこの方法を思いつけない。これも、トップダウン処理（推論）が優位に働いている証拠のひとつである。

あなたも頭を柔軟にして、クイズに挑戦してほしい（正解は52ページ）。

過去の記憶が見る目を奪う

ここまで例をあげてきたように、人間はとにかくトップダウン処理（推論）をする傾向が強い。これがなぜ困るのかというと、もちろん「ロウソクの問題」が解きにくいからだけではない。初対面の人間を見るときにも、これと同様の現象が起きているからだ。

つまり、半端な知識のために、相手に過剰な期待をかけすぎたり、反対に才能を見落としたりすることが、実際問題としてとても多いのだ。

ことに「人間関係」において、顕著に影響を及ぼす知識が、心理学で「エピソード的知識」とか「エピソード記憶」と呼ばれる類《たぐい》のものである。

若い頃に、カッコいいんだけれど、すごく優柔不断な恋人に振り回されて苦悩した、という経験があるとする。そういうエピソード記憶は、当人はとっくに忘却しているつもりであっても、実は、その情報が脳から完全消去されることはないのだ。

エピソード記憶は、「海馬《かいば》」と呼ばれる脳の部分に、重要データとして数十年は鮮明に保存され、かつ、いつでもフラッシュバックする仕掛けになっている。

しかも、たとえば職場など、まったく関係のない場所においても、こういう記憶は簡単にフラッシュバックすることがわかっている。さらに厄介なことに、自分の頭の中でそんなことが起きているとは、当人はほとんど気づかない。

だから、こういう事態が起こり得る。たとえば、見た目はいいけれど、ちょっとはっきりしない感じの人と向き合ったとき……、すぐさま過去のエピソードが頭をもたげ、「なんか優柔不断で気が合いそうにない」などと、いつの間にか直感的に、理不尽なほどイヤな印象をもってしまったりする。もしかしたら、その相手は知的で思慮深い逸材であるかもしれないのに。

初対面でビビッと働く直感、第六感……これらはたいてい、掘り下げて考えてみれば、自分自身のエピソード記憶と強く関連している。いい直感も、悪い直感もそうだ。

残念ながら、正確に相手を見ているわけではない。

経験豊富な人ほど「ケチ脳」で間違える

知識や直感による、トップダウン的な人間観察。私たち人間はいったいなぜ、このような、便利なのか不便なのかわからない性質をもって生まれてきたのだろうか。

それは、私たちの脳構造が、基本的にかなりの「ケチ」であることに由来する。心理学では脳の「節約原理」などと呼ばれているのだ。

脳はケチなほうが、生理学的には理にかなっている。なぜなら、新しい情報を目にするたび、一つひとつ吟味していては、脳が疲弊してエネルギーを消耗してしまう。

しかし、「こういう人はこう」という大雑把なルールを頭の中に作っておき、新しい情報が飛び込んできたら、「そのルールに当てはまるか否《いな》か」で判断する段取りになっていれば、たしかに合理的で疲れにくい。

それに、目にする人のことをいちいち頭に叩き込まなくてすむから、記憶容量も圧迫されずにすむ。この「ケチ脳」というシステムがあるからこそ、人間は複雑な社会の中でも、それなりに気楽に生活できるのだろう。さらに、ほかの動物と比べて格段に知能が高くなった背景にも、このケチ脳による「学習能力」が大きく貢献しているという説もある。とはいえ、あまりに合理的なトップダウン処理（推論）がいきすぎると、本質的なことを見逃したり、人を見誤ったりしてしまう危険性も増大する。

　ケチ脳は機能的ではあるが、ときとしてその便利なシステムのために、見誤りも起こさせるのだ。そのため、経験豊富なベテランに限って、ときとして大きな人事ミスをおかしてしまうというような、「パラドックス」がしばしば起こる。

　これを防ぐためには、何はともあれ、「自分の脳はケチなんだ」ということを意識することが第一歩であると言われている。かといって、「こういう人はこう」という自分なりのルールや思い込みを完全解除するのは難しいし、それは自身の考え方の「個性」をつぶすことにもなりかねない。

　それよりも、自分がどのような人間観をもっているか、ということを「自覚」することに、大きな意味があると言われている。

　大学生を対象に、「こういう人はこう」という人間観を、なるべく多く書き出すように指示すると、だいたい誰でも20〜25個は書く。それぞれ見せ合ったりしながら、「へえ、そんなこと思っていたんだ！」と驚き合うような、きわめてバラエティに富んだ人間観が浮き彫りになる。しかも書いてみるまでは自覚できていなかったことが多いので、やってみると発見も多く、けっこうおもしろい作業だ。ちなみに、
・手が大きい人＝世話好き。

・字が小さい人＝ウソがうまい。
・早口な人＝自信がない。
・無口な人＝図々《ずうずう》しい。
・髪をいじる人＝ヒステリック。
・いつも笑顔の人＝気が弱い。

これは、恥ずかしながら筆者がパパッと書いた、歪んだ人間観のほんの一例。あなたはどのような人に甘く、反対にどのような人に厳しい評価をしがちなのだろうか。
実際に、これを明確に把握するだけでも、

・偏りすぎたトップダウン処理（推論）の20％が減少する。
・人を観察するときに客観性を保つことができるようになる。
・さまざまな年齢の人と公平に話をする行動が増加した。

という実験報告もあり、企業研修や心理カウンセリングなどでも活用されている。

見た目、学歴、出身地の罠

先述したように、私たちは個人的な知識やエピソード記憶によって、初対面の相手に対する印象の大部分を、方向づけるところがある。あるがままのデータを収集するボトムアップ処理よりも、自身の不安、期待、過去の体験という「フィルター」を通してものを見る、トップダウン処理（推論）の傾向がきわめて強い。

にもかかわらず、本人はそういうメカニズムにほとんど自覚がない。これが1回めの見誤り、つまりインプット時での見誤りを招く最大の原因と言えるだろう。

さてここからは、こういった「個人的な」偏見という枠を超えて、もっと万人が暗黙のうちに共有してしまっている「普遍的な」偏見、すなわち集団的ステレオタイプについて考えていこう。実は、この集団的ステレオタイプは、個人的偏見にも増して、インプット時における影響がより深刻であるとする説もあるのだ。

なぜなら、個人的偏見のほうは、先ほど紹介した大学生の人間観の事例のように、「自分の思い込みをいくつか書き出してみて」と促すだけでも、わりとすんなり意識に上らせることができる。それは、たとえば「手が大きい人は世話好き」といった類の思い込みは、もとをたどれば、自分自身のケチ脳が勝手に作った決まりごとだ。胸に手を当てて探り当てる機会さえ与えられれば、自発的に、「そういえば……」と、ある程度は思い出せる。

しかし、個人でなく、社会全体の誰もが思い込んでいるステレオタイプになると、人はとたんにそれを妄信するようになる。「それって本当？」という検閲が、ピタッと行われなくなるのだ。一度も吟味されることもないまま、あたかもすっかり「真実」であるかのように定着してしまっている人間観。これは意外と少なくない。

このレベルの偏見になると、自力で気づくのはかなり難しい。

そこでこれから、「人を見抜く目」に大きなバイアスを与えているにもかかわらず、あまりに暗黙のうちに共有されているため、自覚されにくい「三大ステレオタイプ（見た目、学歴、出身地）」について、最新の実験データをもとに検証していこう。

見た目のステレオタイプ「美人に悪い人はいない？」

美人が何かと厚遇されるのは、まあ、当然といえば当然のことだろう。それにしてもなぜ、そこまで美人はトクをするのだろうか？

これは、古くから多くの心理学者が関心を寄せている、一大テーマだ。「見た目のよさ」と印象形成に関する研究は、膨大に積み重ねられている。それらを概観してみると、古今東西、こんな一貫した美人ステレオタイプが存在することがわかる。

「顔の美しい人は、天真爛漫で、狡猾さやあざとさがない」

これを実証するものとして、フランスでは、こんな大胆な実験が行われている。

２８０人の女性のプロフィール（顔写真、自己ＰＲ、経歴、趣味、結婚歴、家族、出身地、年齢など）を、400人の男性に「履歴書」として提示。彼らに、各女性の「パーソナリティ」について想像させ、評定してもらうというものだ。

結果、ほとんどすべての男性が、判断材料として重視したのはやはり顔写真。しかも、美人である場合には、

「彼女はお人よしだろう」
「ウソをつけないタイプだ」
「なんとなく信頼できる」

といった高評価を下す率が、不美人の場合より7倍も多く見られている。

一方、不美人に対しては、

「頭はよさそうだが、意地悪で計算高いタイプだ」

という評価が大多数を占めていた。

美人は天真爛漫で、不美人は狡猾。こんな根拠なきステレオタイプが、この実験でははっきりと浮き彫りになってしまったのだ。

一般に、顔写真のついている履歴書を提示されると、自己PRとか経歴といった情報は、少なくとも「性格判定」においては、材料として用いられにくくなる。書類審

査においては、まずルックス。これが最も強烈な情報となっている。

この履歴書実験をさらに掘り下げた研究では、顔写真のさまざまなパーツをＣＧで組み合わせて男性に提示し、顔のどの部分が性格判定に効いているのか調べている。

結果、最も効力があったのはどこか？

これが「瞳孔の大きさ」なのだ。

鼻の高さや髪の色などはあまり関係がない。とにかく瞳の大きい人、黒目の輝いている人が「天真爛漫」「優しい」と推定される。まったく不平等な話なのである。

ちなみにこれは、顔写真のほうを男性にして、評価者を女性にチェンジした研究でも、同様の結果になっている。

また、特に美人研究が大好きなアメリカでは、こんな大規模な実験も行われている。「裁判実験」と呼ばれるものだ。罪をおかしたとして起訴された被告（女性）の顔写真を、５３０人もの陪審員役の男性に見せ、被告の刑期を決めてもらうという仮想実験である。

結果は一目瞭然で、好意的な判決を下されるのは、やはり美人のほうだとわかる。これもやはり、美人のほうが「さして悪意はなかったはずだ、本当は天真爛漫だもの」と、思い込まれやすいからである。

　この現象は、被告が男性で、陪審員役が女性の場合にも同様に起こりやすくなることが確認されている。ハンサムな被告は、「偶然の過失かもしれない」と、甘く判断されやすいのだ。

　おそらく、「外見が美しい人は、内面も美しくあってほしい」という、私たちの幻想や願いが、客観的評価の目をくもらせるのだろう。

　ともかく、美男美女は基本的に「天然キャラ」として扱われやすい。だから、何か失敗したときなんて彼らは本当に有利である。「悪意はない」と周囲から暗黙のうちにフォローされることが多いのだ。

　たとえばプレゼンがものすごく下手であったり、実はヤル気がなくてあまりしゃべらないような場合でも、「緊張しているのかな？」などと、天然キャラ的大甘な解釈をされやすい。

　しかし実際は、計算高い美人もいれば、天真爛漫な不美人もいるだろう。

　いや、個人的には、そういうパターンのほうが多い気もする。

		他者からどう思われるか	
		美人の場合	不美人の場合
実験1	交通事故の加害者に対する裁判	陪審員からの同情。賠償金5500ドル	陪審員からの非難。賠償金1万ドル
実験2	女性の強盗犯に対する裁判	懲役2.8年（平均）の判決	懲役5.2年（平均）の判決

人はつい見誤るのが、よくわかる。

学歴の高い人はシャイだと思われやすい

最近の採用面接では、偏見防止のために、学歴をわざと伏せて行う方式が流行《はや》っている。学歴に騙されたくないという危機感が、その背景にはあるようだ。たしかにその気持ちはよくわかる。しかし、冷静になって、あくまでも「確率論的に」考えてみれば……、青年期に相応の努力をして受験に成功し、卒業というゴールまでたどり着けた人間は、やはり多くの場合、本質的に努力家である「確率」は低くない。

実際に、高学歴であることと、「仕事を覚える速さ」「失敗後の粘り強さ」「新規のことへの関心度」には、かなり高い相関関係が見出されている。ただ、高学歴の相手は、こちらの期待値がもともと高いぶん、ちょっとした失敗に、それだけガクッと幻滅させられるということもあるだろう。これは「割引効果」と呼ばれるもので、レベルが高い人は、かえってバッシングを受けやすいという現象である。

そう考えてみると、学歴から「仕事の能力」をある程度推測するのは、一概に「ただの偏見」とは言えないだろう。学歴は仕事と関係ないと捨て置いてしまうのは、単に重要な情報を少なくしているだけでもったいない気もする。

そんなことよりも、実は、学歴に関するステレオタイプで本当に深刻な問題となるのは次のような偏見である。

「高学歴の人は、シャイでハニカミ屋」

こちらは、まったく根拠のないステレオタイプだ。現実的でないにもかかわらず、多くの人が無意識のうちに抱えている観念だから危険なのである。

このステレオタイプの存在を示す、有名な実験がある。

ビデオに映された男性を観察してもらい、彼のパーソナリティについて推測させるものだ。半数の被験者には、「彼は慶應大学の博士課程を修了して……」と、高学歴であるという紹介をあらかじめしておき、残りの半数にはそのような情報は与えない。

両群とも、見せられるのは同じビデオ。若い男性が、誰かと談笑しているのだが、彼はほとんどしゃべらずに相手の話に微笑《ほほえ》むだけ、という退屈なシーンが続く。

視聴後、高学歴だと告げられたほうの群の60％もの人が、彼の性格を「シャイ、恥ずかしがり屋」と推測し、「思慮深くて冷静そうだ」と推測している人も多かった。しかも、彼の微笑を「ハニカミ」「照れ笑い」だと好意的に感じていた。

一方、学歴について何も聞かされていない群では、75％もの人が「何もしゃべらないなんてふてぶてしい」「態度が大きい」と嫌悪感を覚えた。しかも、彼の微笑を「にやけている」ように受け取るという、さんざんな評価だったのだ。

両群とも同じ男性を見ているはずなのに、ずいぶん違う評価になるものだ。「高学歴」というキーワードだけで、黙っている姿がいかにも賢そうで、控えめな人間性を表しているように見えてしまうのだ。もちろん、実際はそうとは限らないだろう。むしろ、ふてぶてしく黙っている高学歴者やシャイでしゃべらない非高学歴者のほうが、実際は少なくない気もする。

「学歴で能力を決めつけないようにしよう」というアンテナはみんな敏感に張っているが、おそらく「高学歴なだけでシャイだと思われやすい」という傾向には、誰しもノーマークだからだろう。寡黙なインテリには、要注意かもしれない。

なぜ学歴の高い人に裏切られるのか?

学歴の高い人はシャイである、このステレオタイプは、なぜかすごく頑健性が高い。理屈はわかったとしても、なかなかぬぐい去れないことを示した学者もいる。その理由は、次のようなメカニズムで説明されている。

まず、見ている相手に特に関心をもてない状況では、「別にどうでもいいや」ということで、当然のように、ケチ脳がステレオタイプな判断を選択する。先ほどの、「黙った男」のビデオを視聴した被験者は、まさにこれに当てはまるだろう。

さらに、仮に相手に関心をもてたとしても、それがあまりに「プライベートな損得」に関わりすぎる場合は、今度はできるだけ「安全パイ」を選んでおきたいという臆病風にふかれて、かえってステレオタイプに頼ってしまう。

たとえば、チーム戦で大金の「賭け」をするときのパートナー選びや、女性が結婚対象として男性を評価するときなどは、相手の学歴に妙にこだわるという調査結果があるが、それはこれに当てはまるだろう。

ということは、「関心はあるが、プライベートにまで影響するわけではない」という、微妙な緊張感とリラックス感のバランスが維持できているときが、相手に最も客観的になれるコンディションということになる。なかなか難しい状況である。

このコンディションが整っていたとしても、目の前の相手がいかにも「高学歴者っぽい」、もしくはいかにも「非高学歴者っぽい」ふるまいをたくさんすれば、「やっぱりね」ということで、結局ステレオタイプで片づけてしまうのだ。

ある実験では、学歴ステレオタイプから脱するには、その相手が、行動の50％以上は、ステレオタイプからはずれた、意外な行動を見せなければならないとの報告がある。

　つまり、高学歴にもかかわらず芸能ゴシップをペラペラしゃべる、学歴は高くないにもかかわらず宗教対立問題について滔々《とうとう》と語る……、というようなギャップが強い相手であれば、「あれ？　この人って本当はどんな人なの？」と吟味するようになるが、そうでもない限り、どうしてもステレオタイプ的な判断のほうが勝ってしまう。

まとめると、

・相手に強く関心をもつ。
・かといってプライベートとは切り離して考える。
・相手が「いかにも」な感じの人であっても、そこで納得してしまわない。

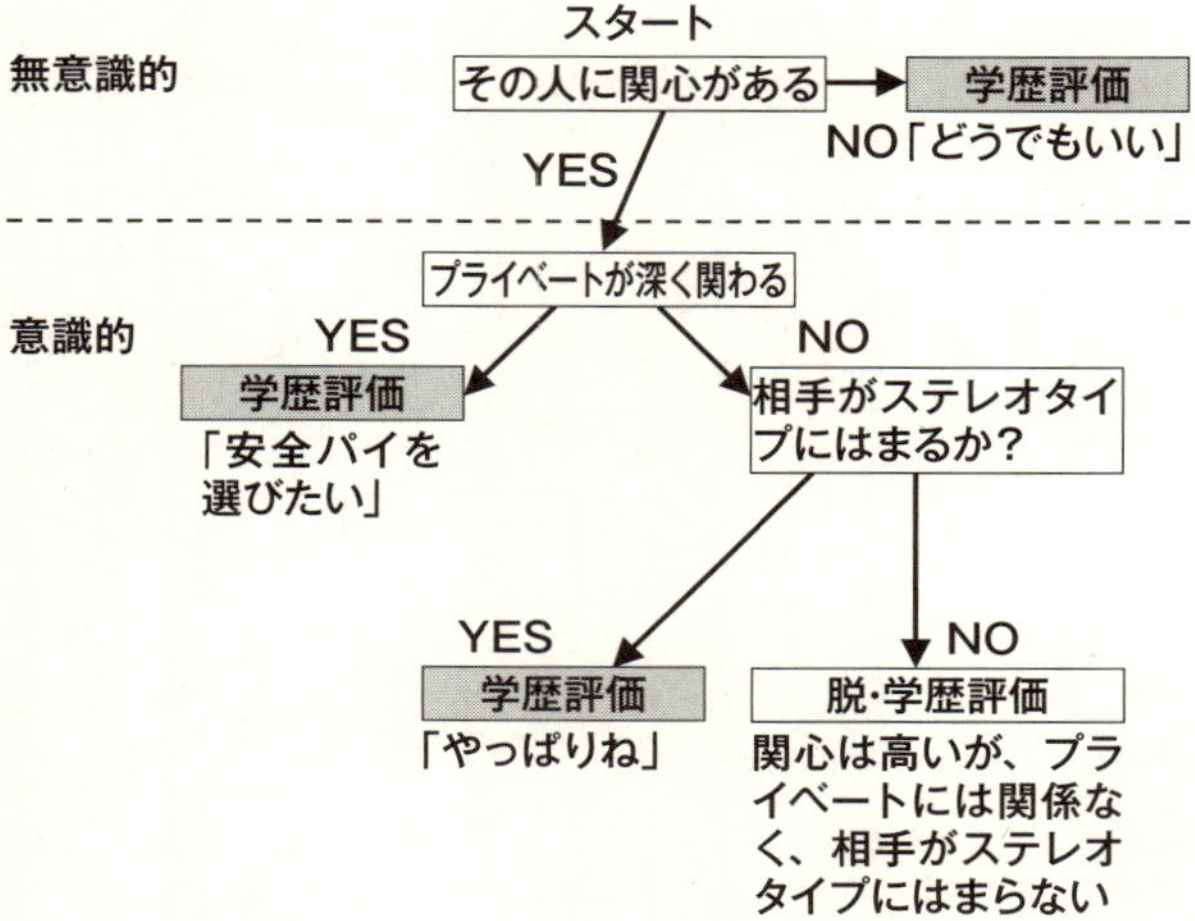

この3点をクリアしない限り、学歴からその人の性格にまで期待を寄せてしまい、

「たしかに仕事はできるが、思ったよりも扱いにくいやつだった」

という形で、結局は騙されることになってしまうのだ。

自分と出身地の近い人に悪い人はいない

お国柄という言い方があるように、特に日本人は、生まれ故郷と性格を結びつけて考えるのが大好きだ。民俗学の資料を見てみると、

・南の人は穏やかでテキトーなところがある。
・北の人は厳格でマジメすぎるところがある。

こういうことが、数百ヵ条も羅列されている。

しかし、こういうのは話としてはインパクトがあるが、この種のお国柄ステレオタイプが「実害」を及ぼすことは、心理学的にはあまりないと考えられている。たしかに、

「九州出身の人だから、ちょっと事務仕事は無理だろう」

「東北出身の人だから、さすがに営業はできないだろう」

などとは考えないだろう。お国柄は（それが本当に存在するかどうかはさてお

き)、実際の印象形成においては、さほど顕著な影響を与えない。

むしろ、印象形成に大きく関わるのは、自分の出身地との「距離」なのである。それを実証する、こんな研究がある。

さまざまな国の子どもが集まってくるインターナショナル・スクールの高校生を対象に、「南国生まれはテキトーか?」というお題を与え、ディスカッションをさせたユニークなものである。

すると、どこの出身の学生でも、異口同音に「たしかにテキトーかもしれない」と笑い合っていた。ただし、その「笑い方」が、自分の出身が「どちらかというと南より」か「どちらかというと北より」かによって、まったく異なっていたというのだ。

その様子を映したビデオを分析したところ、自分自身が南方出身である学生は、ポジティブな感じで笑い飛ばしているのだが、北方出身の学生はクリティカルな冷笑を浮かべていたという。ちょっとコワい話である。

つまり、南方出身の学生は、同じ表現でも、「テキトー」という言葉にあきらかに愛情を込めており、温かみがあっていいじゃん、という意味合いを込めている。しかし北方出身の学生は、それに話を合わせていても、本心では批判的な意味が強かったのだ。

これは、「北国生まれはネクラか？」というお題に変えてディスカッションさせると、今度は逆の結果になる。

人間は、自分と出身地が近い人には知らず知らずのうちに好意的になり、遠い人には批判的になる。なかなか、ふだんは意識できていないステレオタイプである。

ほかにも、先述した美人ステレオタイプの「裁判実験」と同じ手続きでも、このことが確認されている。

被告の出身地が自分の郷里に近いほど、「いやいや、彼はきっとそんな悪い人じゃない」と刑期を短く設定するが、出身地から離れれば離れるほど、「もっと厳しい処罰を与えるべきだ」という意見に変わっていく。

こういうステレオタイプのためであろう。アメリカのある調査によると、ニューヨーク、ロサンゼルスにある企業の2割が、近隣の州出身の社員ばかりで組織されているという。もしかしたら、日本でも、調べてみたら同じようなことがあるかもしれない。たとえば東京にある会社なのに、なぜか関西方面出身の社員率が異様に高い、といったことが。

自分の出身地と相手の出身地の距離が、相手の能力・性格査定に色濃く反映されてしまう。そんなステレオタイプに気づかないまま人事を続けていれば、たしかに「期待はずれ」から脱することは、できないだろう。

権限の強い人はなぜ見る目がないのか？

さて、ここまで紹介してきたように、ステレオタイプは多かれ少なかれ、誰の心にもある。しかも、置かれた状況によっては、そのステレオタイプがさらに強化され、通常の数倍も偏見的になってしまうこともあるのだ。

その代表的な状況のひとつが、採用面接で面接官の「権限」が強すぎるようなときだ。たとえば採用の決定権を一手に引き受けているような状況のとき、人間は特にステレオタイプに頼った判断に、陥りやすくなる。

これを実証した研究のひとつに、「セクハラがどのようなメカニズムで起きるのか」ということを調べたものがある。実験は、女性の入社志願者に、「面接官役」の男性がどんな質問をするかを調べるシンプルなものである。

その際、面接官役に選ばれた男性陣のうち、3分の1の人たちには、

「あなたの評価が、彼女の採否に決定的に関わります」

と、告げておき（権限高群）、別の3分の1には、

「あなたの評価は、彼女の採否には直接は関わりませんが、一応参考にはします」

という具合に伝えている（権限低群）。

そして、ここがユニークな点なのだが、残りの3分の1の男性陣には、決定権については何も触れないが、広告視聴のモニターのためと偽り、なんと、面接前にアダルトビデオを鑑賞させている（ビデオ鑑賞群）。

それは、このあとに会う女性を、性的対象として見る態度を喚起するためである。

実験の結果、自分の権限が強いと信じる面接官は、そうでない面接官に比べて、

・女性志願者に必要以上に接近する。
・身体を見つめる。
・セクハラにあたる質問をする。

といった行動が多かったのである。

これと同じ傾向は、（やはり当然というか）ビデオ鑑賞群にも見られた。

この研究のセンセーショナルな点は、ビデオ鑑賞群の行動がセクハラっぽくなってしまったのはともかくとして、性的側面とは無関係と考えられる「高権限」というファクターが、同じような効果をもたらしていることである。

一般に人間は、権限を強く与えられると、自分のもつ信念や意見を過信するようになる。そういう瞬間には、ステレオタイプ（この実験の場合は「女性は性的対象であ

る」ということ)に基づく判断にも、すごく正当性があるように思い込んでしまうのだ。

このことについて、さらに詳しく調べた研究もある。それは、面接官の権限の強さを、上司からの言葉がけによって微調節し、それによって面接態度がどのように変わるかを調べる実験である。

言葉がけの例をあげると、次のような感じである。

「実は、相手の採否はもう決まっている」＝権限０％。

「一応面接してもらうけど、採否にはあまり関係ない」＝権限10％。

「面接が採否に関わるかどうか、まだわからない」＝権限50％。

「面接は採否にかなり影響するが、最終判断ではない」＝権限70％。

「この面接によって、採否が完全に決定する」＝権限１００％。

実験の結果、採否の権限が完全に委ねられている面接官は、セクハラ実験と同様に、「こういうタイプはこんな人」という、ステレオタイプ的判断が強く見られた。

やはり、あまりにも権限が強いと、それだけで自分はすごく正しいような気分になり、偏見的態度に気づきにくくなる。

一方、権限があまりにも弱すぎてもダメなのだ。なぜなら、今度は正しく相手を見ようというモチベーション自体が低くなる。「どうせ関係ないから」と思うと、相手への評価がポジティブに偏るのだ。

人間は、無関心すぎる相手に対しては、「たぶん、いい人なんじゃない?」と安易にポジティブになる傾向がある。いちいちクリティカルに判定するのが面倒くさい、ケチ脳だからである。

結局、最も正しい判断をした面接官は、70%程度の権限を与えられた人々であった。それは、「上司に、自分は優れた人間観察ができることをわからせてやりたい」、そういう意気込みが強まるからである。

まとめると、基本的には自分に裁量権が与えられているが、30%くらいはほかの人にも権限があるという状態のとき、人は最も正確に相手を見抜くことができる。

決めるのは全部自分、もしくは、決めるのは全部他人……そう思っているとき、人は人を特に見誤りやすくなるのだ。

	心理	判断法
100%権限	自分は正しい	ステレオタイプ
70%権限	間違えたくない	客観的吟味
10%権限	どうせ関係ない	ポジティブ・バイアス

文系の人は理系の人を過大評価する

権限のほかにももうひとつ、ステレオタイプをすごく強めてしまう状況がある。それは、「自分の存在を肯定したい」というエゴイズムが、特に強くなってしまうような状況だ。

具体的には、「内輪ビイキ」という現象がそれに当てはまる。ふだんは穏当な人でも、ひとたび内集団・外集団というラインが明確に引かれると、とたんに外集団に対してネガティブになる。

この現象は、膨大な数の実験で繰り返し実証されているが、特に有名なものとしては、「サマーキャンプ実験」がある。

この実験は、高校生に数日間の合宿をさせるものである。その際、互いに競い合わせるようなイベントばかりを用意すると、数日後には、互いのパーソナリティを「ずるい」「きたない」と極端に悪意に解釈するようになっている。

今度は反対に、協同させるようなイベントばかりに切り替えると、「頭がいい」「誠実だ」と、一転して好意的評価をするようになったのだ。

これは高校生だけに見られる現象ではなく、成人男性を対象としたサマーキャンプ実験でも、同じ結果となっている。

人はシンプルなもので、外集団と意識すれば「イヤなやつ」になるし、内集団だと意識すれば「いいやつ」に、評価がコロッと変わるのだ。

「敵」とか「味方」というラベリングをされると、それまでなんとも思っていなかったのに、「敵には負けたくない、味方を擁護したい」というエゴイズムが強まり、相手の内面を客観的に見ることはできなくなるのだ。

これは、出身地ステレオタイプとも通じるところがあって、「自分と近しい人間は善良である」と思いたがる、人間の基本的性質と言える。

だから、同じサッカーチームのファンだとか、同じ種類のペットを飼っているという情報が入ると、あっという間に、相手を見る目が優しくなる。

特にその内輪ビイキが強くなるのが、「好み」や「信念」に絡むものが一緒であるときだ。同じ政党を支援しているかそうでないかによって、相手の行動に対する解釈が全然違ってくるという実験例がある。

これと同じ現象は、信仰する宗派が同じかどうか、ということでも実証されている。基本的に、同じ信念をもった人は性格がよく、違う人は性格が悪いと、私たちは単純に思い込むのだ。

しかし、人間のエゴイズムは実はもっと複雑なのだ。内集団に所属していることで、かえって厳しい目を向けるということもある。いわゆる「やっかみ」である。

他人の書いた作文を読ませ、その文章について評定をさせた実験がある。評定者はみな文系の大学生。作文は「最近こんなことがあって感動した」ということが綴られたもので、全員まったく同じものを読まされている。

ただし、作文の「書き手」がどんな人かというプロフィールだけが操作されている。半数には、それとなく「書き手は文系の学生らしい」と教えられ、もう半数には「書き手は理系の学生らしい」と伝えられている。

その結果、相手が文系と聞かされた群は、「おもしろくない」「べつに感動しない」

信念は「内輪ビイキ」

	同じ政党	違う政党
いい行動	性格がいい	たまたま
悪い行動	たまたま	性格が悪い

能力は「外輪ビイキ」

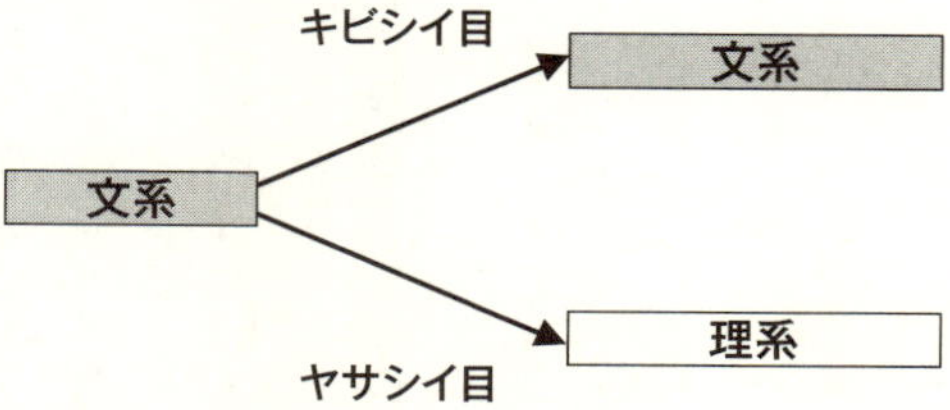

と冷ややかな評価であり、一方、相手が理系と聞かされた群は、「感動した」「文章力がある」などとやたら好意的な評価をしたのだ。

同じ文系所属という内集団に厳しく、理系という外集団に甘い。内輪ビイキではなく、「外輪ビイキ」が起きたのだ。

この傾向は、作文力だけでなく、性別や学力に関しても同じ結果になる。女性は女性に対して、男性は男性に対して批判的な目を向けやすい。また、自分と学力がかけ離れている人よりも、同じくらいの成績の人に対して批判的になるものだ。

総じて考えてみると、人間は「信念、嗜好、趣味」は同じ人が大好きだが、「専門性、性別、学力」が自分と同じ人には、手厳しい。

だから、相手が前者に属するときにはポジティブなステレオタイプが働きやすくなり、後者はその反対になる。

ステレオタイプ的に相手を「歪めて」見ることで、人間は自尊心を保っているのだ。そういうエゴイズムは深層心理で働くものだから、自分の偏見に気づきにくい（気づきたくない）のも、無理のないことだろう。

トップダウン処理（推論）、ケチ脳、直感、エピソード記憶、エゴイズム……。このような、いかにも人間らしい高度な機能が、ときとして相手の情報のインプットを歪め、「1回めの見誤り」を引き起こしているのだ。

〈正解例〉クイズは25ページ
正解は、「画鋲《がびょう》を使って壁か何かに箱を固定し、それを『台』にしてロウソクを立てる」なのである。
絵のように、箱の「中」に画鋲が入っているのを目にすると、この箱は「画鋲の入れ物」だと認識してしまう。すると、この箱を「台」として使おうとは、思わなくなるのだ。

2　2回めの見誤り
～アウトプットの罠

記憶はウソをつく

「第一印象」という言葉を聞くと、たいていの人は、情報のインプット時のことを、連想しがちである。

「人は見た目がすべて」とか、「初対面ですべてが決まる」といったフレーズを見かけるが、これはインプット時にすべてが決まるという考え方、つまり、「始めよければすべてよし」に近い考え方だ。とても印象的なので、深く信じ込まれている。

そのためだろうか。実はあとになるほどジワジワ影響力を増してくる、「アウトプットの誤謬《ごびゅう》」（後出）のほうについては、ほとんど見逃されてきている。

しかし、私たちが見間違いを起こしているのは、初対面のときだけではない。会った日から時間が経過して、「あの人って、どんな人だったっけ?」と思い起こすときに、実はもう一回、「間違って」思い出しているのだ。

それまで蓄えられていた情報が、いつの間にか歪められた形に変容して、記憶貯蔵庫からアウトプットされるという現象は、わりと頻繁に起きている。人間の記憶は、しばしば自分自身に「ウソ」をつく。このことに無自覚でいると、本人さえも、そのウソに騙されてしまうことがあるのだ。

この現象が特に注目されるようになった背景には、ある有名な事件がある。それは、1993年にイギリスで起きた、「偽りの記憶訴訟」と呼ばれるものだ。

高名なカトリックの聖職者が、「性的虐待を受けた」と、とある青年から突如訴えられたのである。しかし、調査の結果、これが青年による偽りの記憶(false memory)であることが判明。青年は「自分は虐待された」と思い込んでいるが、そのような客観的事実は存在しないことが、立証されたのだ。

なんらかの「記憶違い」から発生してしまう訴訟問題。これは、日本の裁判制度では考えにくいことだが、欧米では、けっこう数多く報告されている。

しかも、興味深いことに、「精神分析」「催眠療法」といったキーワードが流行るのと比例するかのように、虐待、イジメ、セクハラなどを受けたことを、突如「思い出した」と訴える被害者が、増加してきているのである。彼ら、彼女らは、まったく身に覚えのない近親者や恋人を訴え、裁判で論争する。このような、「事実なのか、記憶違いなのか」という論点で争われる裁判が頻発するようになり、社会問題となっている。

アメリカでは、偽りの記憶症候群財団（False Memory Syndrome Foundation）が、続いてイギリスでも、同種の協会が設立された。これらの機関では、偽りの記憶によって、突如「加害者」にされてしまった人たちを、救済するような活動が行われている。

つまり、あとになって思い出された記憶（recovered memory）が、どの程度まで記憶違いであり、どのくらいまで信憑性があるのか調査するのである。これには、多くの記憶心理学者やカウンセラーが関わってきている。

思い違いは誰にでも起きる。実際、思い違いがきっかけになって訴訟を起こす人たちは、ごくごく「普通の」人たちなのである。

私たちは、なんの悪意もなく、「たしかにこんな出来事があった」と、強く思い込んでしまうときがある。心理学では、これを「アウトプットの誤謬」と呼んでいる。

虐待は極端な例としても、「あのときこう言った」「いや、言わなかった」といった水掛け論はよくある話だし、同じ会合に出席しても、「気まずい空気だった」と思い出す人もいれば、「盛り上がった」と語る人もいる。同じ状況で、同じ人を目撃したにもかかわらず、あとになって語られる目撃談が、食い違うことも少なくない。

①人間の「アウトプット」は、さほどアテにならない。

②記憶はときとしてウソをつき、本人さえもそれに騙される。

これらが近年の心理学研究においては、当然の事実として扱われている。見間違えるのは出会ったときだけではない。「2回めの見誤り」について、どこまで自覚的になれるかどうか。これが、「人を見抜く力」を大きく左右する、重要なポイントなのだ。

「会話」するほど記憶は歪む

では、どんなときに、「偽りの記憶」が特に起きやすくなるのだろうか。第一に、「会話しながら思い出す」というシチュエーションがあげられる。

たとえば、こんな簡単な実験がある。ゴチャゴチャと家具やものが置かれている部屋に入ってもらい、ある被験者には、

「さっきの〝リビング〟にあったものを、なるべく思い出してください」

と質問する。そして、残りの被験者には、

「さっきの〝研究室〟にあったものを、なるべく思い出してください」

と質問するのだ。

すると、前者の被験者は、「ソファー、コーヒーカップ、テレビ……」といった、いかにもリビングらしいものを思い出し、後者の被験者たちは、「デスク、パソコン、書類の山……」といった、いかにも研究室らしいものだけを思い出すのである。

しかも、前者の被験者は「パソコンなんて絶対になかった」と主張するし、後者の被験者は、コーヒーカップを最後まで思い出せなかったりする。

これは、相手の「質問の仕方」に簡単に誘導され、思い出す内容がガラリと変わってしまった事例と言える。あとで「あれはリビングだ」と言われれば、「リビングらしいもの」しか、思い出しにくくなるのだ。

また、もうひとつ有名な実験がある。ビデオで車の衝突事故を見てもらった被験者に対して、ある人たちには、

「車が激突（crash）したとき、何キロくらいのスピードが出ていましたか？」

と尋ね、またある人たちには、

「車がぶつかった（hit）とき、何キロくらいのスピードが出ていましたか？」

と尋ねている。結果は、予測以上に、両者に大きな違いが表れた。「激突」という単語を聞いた被験者は、こぞって「120〜150キロ出ていた」と証言し、「ぶつかった」という単語を聞いた被験者は、「50〜70キロ」と答えたのである。

同じ場面を見たはずなのに、聞き手がどういう単語を使って尋ねるかによって、思い出される記憶情報が簡単に誘導されてしまう。これらの実験結果は、人間が「話しながら想起する」ことへの危うさを露呈しており、たいへん注目を浴びた。

また、最近ではこんな実験も報告されている。ある家族の一日を映したビデオを視聴させて、そのあとに、いろいろと誘導的な質問をするというものである。たとえば、ビデオに犬は一回も登場しなかったにもかかわらず、

「夫婦が飼っていた犬は、どのくらいの大きさでしたか？」

と、さりげなく聞いたりするのだ。するとその質問には、半数以上の被験者が、「いなかったはずの犬」が、まるで本当にいたかのような錯覚を抱き、犬の大きさについていろいろと回答している。偽りの記憶は、アウトプット時の会話の中で、こうして作り出されるのだ。記憶というものは、頭に保持された情報が、そのままの形でアウトプットされるものではない。聞き手との「会話」によって、わりと簡単に歪められ、「そういえばこんなこともあったかもしれない」と、知らず知らずのうちに、

ないはずのストーリーができあがってしまう。

会話とは異なるが、私がふだん行っている心理カウンセリングという場面も、ときとして、これと同様の危うさを伴うことがある。たとえば、昔のトラウマ体験について思い出させるような分析を続けているうちに、何が本当で何がウソなのか曖昧になり、患者がかえって混乱してしまうことがあるのだ。

ともかく、誰かと会話しながら記憶をたぐりよせる方法はおすすめできない。「あの人はどんな人だったか」「どんな表情でどんなことを言っていたか」といったことは、人との会話の中で思い出すのではなく、自問自答するほうが、はるかに正確になる。

少なくとも、偽りの記憶がいつの間にか作り出されて、大きな見間違いをおかしてしまう危険性は、ゼロになるはずだ。

3人で評価すると間違う理由

会話のほかに、もうひとつ見逃してはならない要素が、集団心理である。集団というものの影響力ははかりしれない。それ

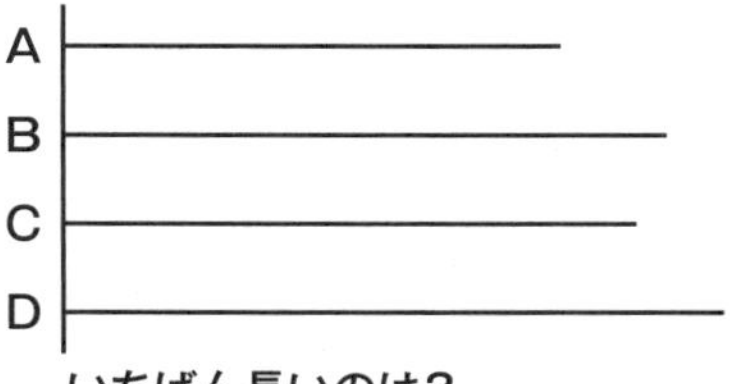

いちばん長いのは?

を露骨に示す実験として、こんなものがある。

前ページの図を見せて、いちばん長いのはどれかを答えさせるのだ。微妙にBとDの長さが似ているが、いちばん長いのはもちろん「D」である。この正答率は、ひとりで考えさせたときにはほぼ100%だ。

しかし、集団でいるときに、「Bがいちばん長い」と、数人のサクラが力強く口にすると、正答率が一気に減少するのだ。べつに気を使って同調しているのではない。集団でいると、ただそれだけでサクラに引きずられやすくなり、本当に、一瞬「B」が長いように見間違ってしまうのである。

このほかにも、被験者にただのビタミン剤を飲ませたあとで、

「いま飲んだのはビタミン剤ですが、心拍数を少し高める効果もあります」

という、ウソのアナウンスを流すという実験がある。その際、ひとりで過ごしている被験者の場合は、身体に目立った異変は起こらない。ただのビタミン剤なのだから、それが当然である。しかし、集団で過ごしている場合は、周りの様子によって、身体症状がずいぶん異なってくる。

ほかの人がアナウンスを聞いても動じない場合は何も起きないのだが、ソワソワと落ち着かない行動を取るサクラが交じっていた場合は、アナウンスで予告されたとお

りに、本当に心拍数や血圧が上がってしまうのだ。

効いているのは、もちろん薬ではない。アナウンスされた内容を、集団がどう「解釈」したかということに身体ごと同調し、簡単に流されてしまうのだ。

さらに、集団のもつ影響力はそれだけにとどまらない。みんなで考えるシチュエーションになると、かなり「ステレオタイプ」に偏った想起のされかたをすることも、明らかにされている。

あるアルコール依存症の男性について、印象評価をするという実験がある。その際、彼の「だらしなさ」を象徴するエピソードと、「キビキビ働いている」ことを象徴するエピソードの二つが、情報として提示される。結果、ひとりで考える場合は、その両方のエピソードについて同じくらいよく吟味されるが、集団で考える場合は、「だらしなさ」のほうが圧倒的に数多く言及される。アルコール依存症に対するステレオタイプとして、より「それらしく」当てはまる情報が、たくさん思い起こされるのである。

人は集まると、それだけで合意しようとする雰囲気が生まれる。すると、誰もがなんとなく納得するようなステレオタイプ的判断に、無意識のうちに全員が偏りがちになるのだ。これは「集団的手抜き」とか「集団エゴイズム」と呼ばれる現象である。

何かを想起するとき、人はただ集まるだけで、エラーをおかしやすくなる。正確なことを思い出す数は、頭数を増やしてもさほど増加しないが、不正確な情報とステレオタイプ的な判断は、うなぎ上りに増えていく。

想起するときに「三人寄れば文殊《もんじゅ》の知恵」は、期待できなさそうである。むしろ、印象評定するときのブレーンストーミングは、「船頭多くして船山に上る」ことが多く、最終的には大きな見間違いを引き起こしやすい。

記憶のメカニズムから考えると、まずは一人ひとりで印象評定をすることが先決と言える。そして、それをまとめたものを、のちに集団でもち寄り、あらためて議論する方式がベターだろう。

「時間」が経つほどいい人に思えてくる

さらに、「繰り返し思い出す」という行為も、偽りの記憶を増やしてしまうので、要注意である。

しかも厄介なことに、人は繰り返し考えるほど、「うん、間違いない」という確信を、自分の中でどんどん強めてしまう。だから、初対面から時間が経過するほど、正しい情報も間違った情報も、どちらも頭の中で「本当っぽく」なってしまうのだ。しかし、「あ、そういえば……」と、あとになって徐々に追加された記憶内容は、事実とずれていることが少なくない。

これを示す有名な実験として、大学を卒業したばかりの被験者を対象に、同窓生の名前を思い出してもらう実験がある。その実験では、「同窓生のフルネームを、なるべくたくさん思い出してください」という課題を与えるのだが、1回のトライアルだけでなく、被験者に、「もっと頑張って、たくさん思い出してみてください」とハッパをかけて、半ば強制的に、どんどん名前を追加させるのだ。何度も繰り返し、同窓生のことを思い出すように仕向けている。

すると、下のグラフのような結果になることが判明した。これを見ると、繰り返し思い出すほど、「実在の名前」、つまり「正

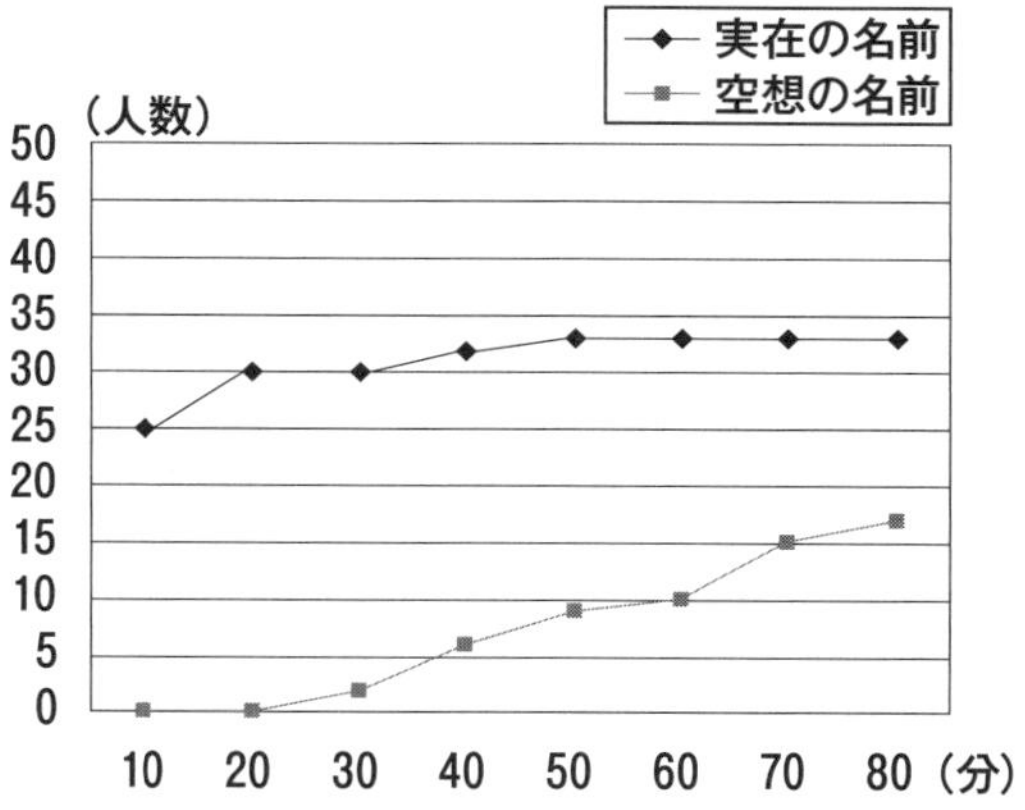

解」を導く可能性は、少しずつであるがだんだん増えていることがわかる。

しかし注目すべき点は、「空想の名前」、つまり偽りの記憶を作ってしまう率のほうが、より極端なラインで、グングン伸びていることだろう。

これと類似した実験は日本でも行われているが、やはり、繰り返し思い出すことは、偽りの記憶を導きやすくする結果になっている。

ポイントは、1回めの想起では、そのような現象はまったく見られないということだ。事件の目撃情報を対象とした調査でも、偽りの記憶が増加するのは、2回め以降の事情聴取という報告がある。

下のグラフを見てもわかるように、1回めの想起数は量的には多くないが、少なくとも偽りの出来事が作り出されることはない。

「どんな人だったか」「どんなことを言っていたか」

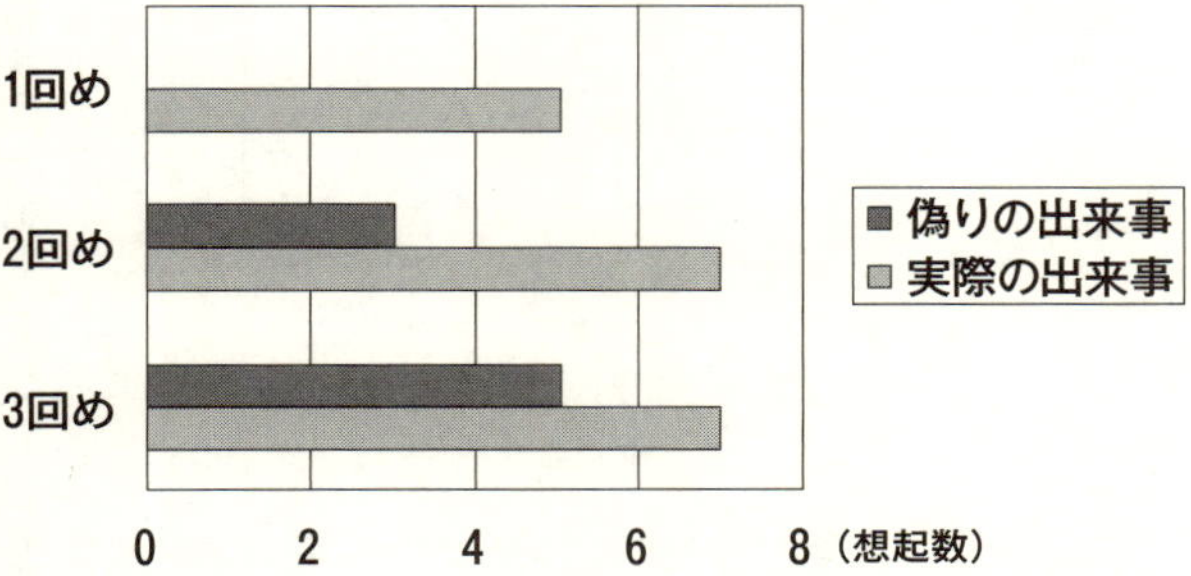

ということを、時間をかけて、何度かに分けて想起することはよくあるだろう。しかし、あまり何度も思い出そうと躍起になると、偽りの記憶が引き出されてしまう確率が、格段と高まってしまうのだ。

なお、繰り返し想起することはないとしても、ただ単に時間が経過するだけでも、記憶はだんだん危ういものになっていく。

なぜなら、「会ったときに自分自身はどう感じたのか」という記憶（フラッシュバルブ記憶）は、時間が経つと変わってしまうものだからだ。

つまり、「相手がどんな人間か」という相手サイドに関する情報が歪むのみでなく、「自分自身はそのときどう感じたのか」という自分サイドに関する情報までも、時間が経つと間違えて想起されてしまう。

出会った瞬間に感じた直感、たとえば「胸が熱くなった」「一目ぼれした」「ウマが合わない」というフラッシュバルブ記憶は、1ヵ月後にはぜんぜん違うものに変わっていたり、すっかり忘れられてしまっていたりすることが、さまざまな実験で明らかになっている。

時間が経つほど、繰り返し思い出すほど、アウトプットには余計なものがつけ足される。しかしそれに反して、本人の確信度は上がっていく。

こうして、事実から大きくかけはなれた記憶が一人歩きしていき、最終的な判断をすっかり狂わせてしまうのだ。

「テンション」が高いほど間違える

さらに、思い出すときの気分（テンション）が、アウトプットの内容に影響を与えることも、おさえておくべき事実であろう。

思い出すときのテンションの高さと、思い出す内容のテンションの高さが一致する現象を、心理学では「気分一致効果」という。

イヤな気分のときは暗い出来事を思い出しやすくなるし、うれしい気分のときは明るいことを考えがちだ。このことは、実験によっても繰り返し実証されている。

下のグラフは、面接を行った1週間後に、相手の長

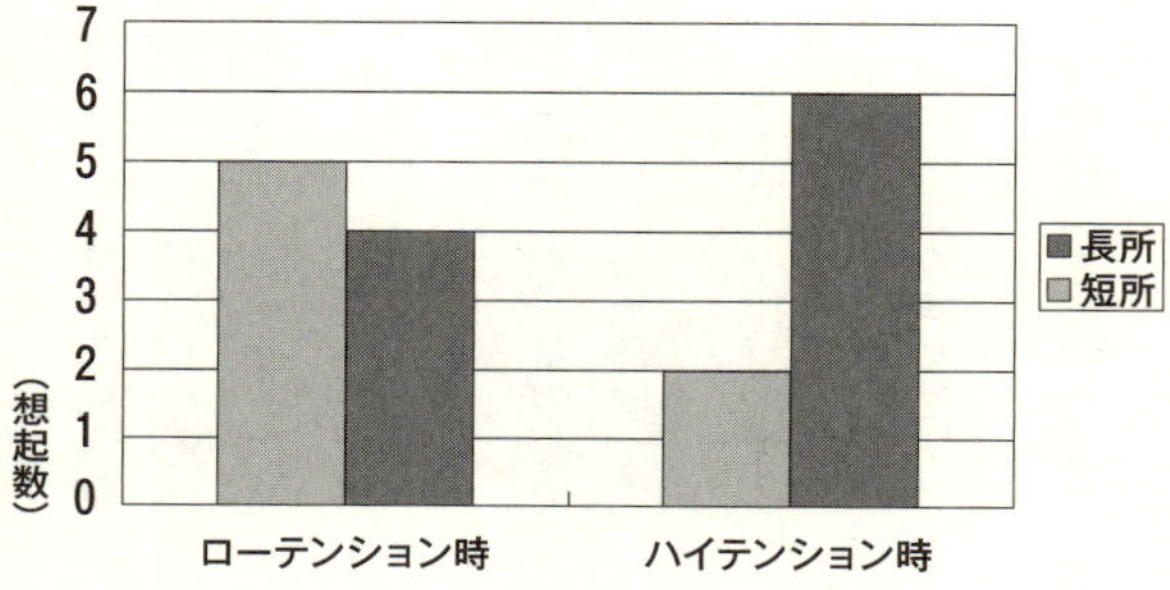

所と短所をどのくらい思い出すかを調べた結果である。被験者の半数には明るい音楽を、もう半分には暗い音楽を聴かせるシンプルな方法で、テンションの高さを誘導している。

それだけでも、やはりハイテンション時には相手の短所よりも長所を、ローテンション時は長所よりも短所を思い起こす、という気分一致効果が見られている。

ここで注目すべき点は、特にハイテンション時の判断であろう。一般的に、気分一致効果は、特にハイテンション時に顕著に大きくなることが知られている。もちろんローテンションになりすぎるのもよくはないが、特に人間が偏った判断をおかしやすいのは、気分が高揚しているときである。

記憶心理学では、「抑鬱パラドックス」というおもしろい現象が指摘されている。これは、鬱患者のほうが、そうでない人よりも、むしろ客観的で正しい判断ができているという、一見逆説的な現象である。

一般的に、ポジティブな感情はステレオタイプ型の適当な処理を導きやすく、反対に、ネガティブな感情は分析的で精緻なシステマティック型の処理を導きやすい。したがって、気分がニュートラルか、ローテンション気味のほうが、人はしっかりと適切な判断を導きやすくなる。アップテンポなノリノリの気分のときに判断すると、人は大きく見間違えるものだ。

　ただでさえ、時間が経てば経つほど、想起内容はどんどんポジティブなものに偏っていくことがわかっている。最初の判断で思い出していた短所は、だんだんニュートラルなものへ変わっていき、長所ばかりが記憶にとどまりやすいという報告がある。

　この現象は、相手への個人的関心がよほど深いときはあまり見られないが、さほどでもない場合は、短所から順番に記憶から押し出されていく。これも、なるべく精神衛生を健《すこ》やかに保ちたいという、ケチ脳の働きによるものだ。

　だから、相手のことを想起するときには、むしろ暗いテンションを用意しているくらいが、結果的にはちょうどいいのだ。

3 人を見間違わない方法

記憶心理学の観点から

これまで、私たちの「期待はずれのメカニズム」について、記憶のインプット・アウトプットという観点から、いろいろな心理実験を交えて解説してきた。ここでもう一度、結論を簡単にまとめておこう。

1　初対面でのインプット時の注意

・個人的な知識やエピソード記憶によって、相手に対する直感はガラリと変わる。

・しかし、「自分はどのような人を嫌い、どんな人をヒイキしがちか」という傾向には、本人は意外と無頓着である。これをあらかじめ自己分析しておくことだけでも、インプットの偏りはかなり減少する。

・また、個人的な偏見だけではなく、みんなに暗黙のうちに共有されている「集団的ステレオタイプ」にも注意が必要である。

・特に、「見た目」「学歴」「出身地」の三つは、相手の「能力」のみならず、「パーソナリティ」についての印象形成に、大きな影響を与えやすいことを熟知しておく必要がある。

2　アウトプット時の注意点

・相手のことを想起するときに、いつの間にか「偽りの記憶」が作られることがある。

・中でも、特に「偽りの記憶」が生み出されやすいシチュエーションとしては、①会話しながら想起する場合、②時間をかけて繰り返し想起する場合、③集団で想起する場合、④ハイテンションなときに想起する場合、の四つがあげられる。

・想起をブレーンストーミング法で行うことは、大きな間違いに傾きやすく、危険である。アウトプットはひとりで行い、それをあらためてもち寄って討議したほうが、はるかに見間違いが少なくなる。

以上のことが、人を見間違わないための基本中の基本と言えるだろう。

面接官の二つのタブー

このほかにも、より確実に見間違いを防止するために、たとえば面接中にしないほうがよいタブーを、二つほど紹介しておこう。

まずひとつめは、採用後に相手が働いているシーンなどを、頭の中でイメージすることである。心理学ではこれを「イメージ膨張」と言うが、それによって相手のことを正しい目で見ることができなくなることが実証されている。

たとえば、初対面の相手を目の前にしながら、「この人と営業に同行したらどんな感じかなあ」とイメージするだけで、2週間後には、「彼は営業が得意だ」といった印象が、勝手に頭の中で膨らんでしまうという実験例がある。

一緒に働いているシーンや、ともに食事しているところなど、相手を目の前にしてなんとなくシミュレーションしてしまうことはあるかもしれないが、初対面のときには、できるだけそういうイメージは遮断するよう心がけたい。そのほうが、後日相手のことを客観的に正しく想起できるからだ。

二つめのタブーは、相手の印象や評価について、その場で無理に「言語化」しようとすることである。

もともと、第一印象というものは、即座に言語化しにくい性質のものだ。それに無理やりラベリングすることで、相手のことをかえって見誤ってしまったり、あとになって「偽りの記憶」が生み出されてしまったりすることがあるからである。

この現象は、心理学では「バーバル・オーバーシャドウイング（言語的隠蔽）」と呼ばれている。言語化が記憶を誤らせることは、人間の第一印象だけでなく、ワインの味や色の記憶などにも見られることが明らかになっている。

いくら面接に長《た》けていても、初対面のときに「この人、なんだかよくわからないな、つかみどころがないな」という、モヤモヤした気持ちがわき起こることはあるだろう。

しかし、そういう曖昧な感情は、その場で無理に言語化せず、しばらく放置しておいたほうが、あとになって客観的な記憶をたぐり寄せることができるのだ。

たとえば、その場で相手のことを、「怠慢なタイプ」「消極的な人柄」などと無理に言葉にしてしまうと、後々、その言葉に適合するように、「そういえば姿勢が悪かった」「こちらの目をあまり見なかった」といった、偽りの記憶が生み出されることが、指摘されている。

面接中に相手の今後を「イメージ」したり、相手のキャラクターを無理に「言語化」したりすることは、記憶の構造上、差し控えたほうが賢明だと言えるだろう。

「認知的想起法」のすすめ

最後に、心理学で特に推奨されている「認知的想起法（cognitive interviewing technique)」について紹介したいと思う。これは、1980年代にアメリカの認知心理学者が開発したものであるが、相手の見間違い率を減じさせる、きわめて優れた想起法として有名である。

この方法の特徴的な点としては、ひとつめに、「面接の行われた同じ時間に、同じ部屋で相手の採否について考える」という点があげられる。相手を見たときとまったく同じ「状況」を復元し、そこに再び身を置いてみることで、相手のことを鮮明に思い出しやすくなるのである。

これは、たとえば、飲酒しているときの言動はしらふになると忘れてしまうが、再び飲酒すると思い出してくるといった現象、すなわち「感情状態依存」という脳の性質を利用したものである。

さらに二つめの特徴として、「いろいろな順番で思い出してみる」という点があげられる。私たちはほとんどの場合、「彼は部屋に入ってきて、こんな挨拶をして、着席して……」というように、時間に沿った順序で、相手のことを想起するものだ。

しかし、それだけではなく、たとえば時間に逆らった順序で想起してみたり、印象的な事柄からそうでない事柄へという順序で思い浮かべてみたりすることで、より詳しい記憶が蘇り、鋭い洞察ができるようになると指摘されている。

最後に三つめの特徴は、「複数の視点から考えてみる」ということである。つまり、採否について決定するときに、自分自身の視点ではなく、ほかの人の視点からも考えてみることが推奨されている。

「私は彼のことをこう評価するが、おそらくAさんならばこう考えるだろう」というように、視点をどんど

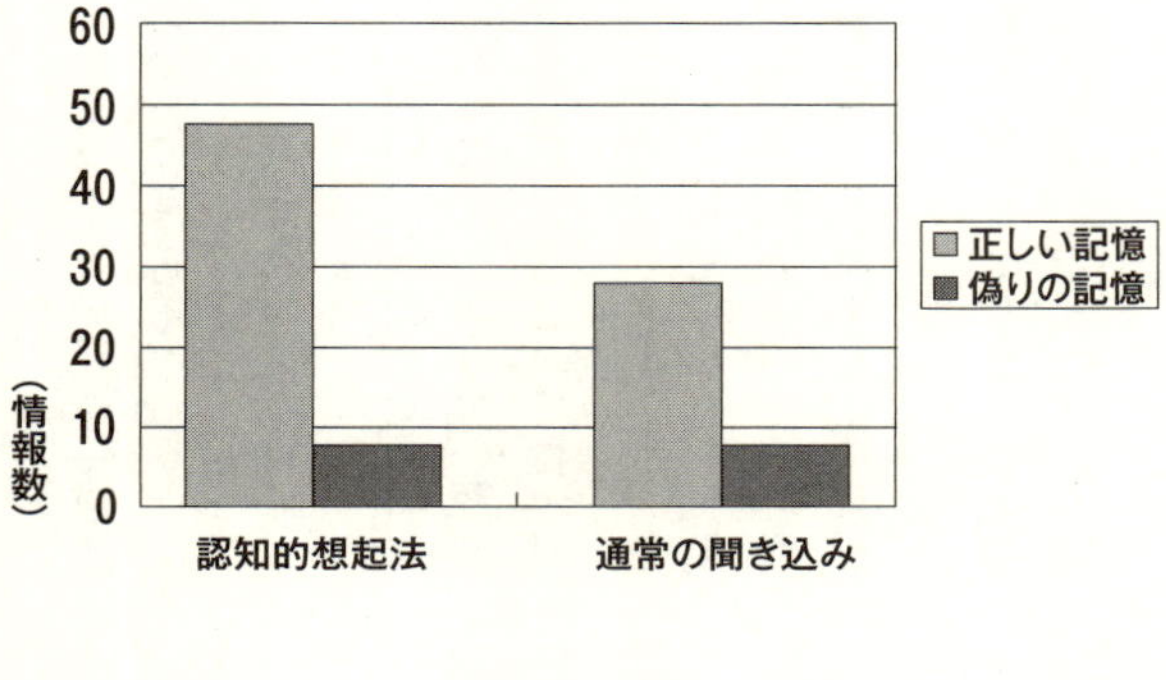

ん増やしてみるのだ。すると、相手のことをより詳細に思い出せるようになったり、判断が客観的なものに近づいていったりすることが実証されている。

これら三つの技法を生かした認知的想起法は、実際に、アメリカの警察で積極的に利用されている。事件目撃者にただ聞き込みを行うのではなく、事件現場を精密に復元したり、いろいろな順番で事件を思い出してもらったり、複数の視点から語ってもらうことで、普通の聞き込みの倍の情報が引き出されることが実証されている（右ページのグラフ）。

なおこの方法は、「偽りの記憶」を引き出す危険性も小さいことがわかっている。面接後の見間違いを防ぐためにも、このような想起方法を取り入れることをおすすめしたい。

第2章

こうして人は騙される

——人を見誤らせる心理術、30の罠

この章では、私たちが特に騙されやすくなる「状況」や「タイミング」といった環境要因について、30種類の心理学用語を軸にしながら解説していく。この章を読んでいただければ、人間の感情や気分というものが、いかに周囲の状況変化によって簡単に移ろいやすいものか、そして、いかに簡単に誤判断を招きやすくなるものかがわかるだろう。

社会心理学という新しい研究分野では、私たちの感情や気分の変容性や流動性といった脆弱な一面が、さまざまな実験を通して指摘されてきている。

本当はたいした能力もないのに、なぜか高評価される人。初対面の相手をすっかり信じ込ませる人。詐欺まがいの商談をあっという間に成立させる人。そういう人を観察していると、相手の気分をコントロールしやすくなる「状況」をさりげなく作り出し、短時間で丸め込むスキルに秀でていることがよくわかる。

人を「見る側」と「見られる側」は、知らず知らずのうちに、いつでも真剣勝負の「心理戦」を繰り広げているのだ。したがって、こちらとしては、相手の仕掛けてくる「手」についてできる限りたくさん熟知しておくことが、見誤りのリスクを減じるためには必須であると言えるだろう。

本章では、社会心理学によって明らかにされている心理現象の中から、特に、いますぐに知っておいてほしいベスト30を厳選し、簡潔に紹介していこうと思う。

心理学の初歩的テキストに載っているような極めてシンプルなトリックから、かなり専門的で手の込んだトリックまで、幅広いレベル設定を行い、心理学用語や実験例を取り上げている。

したがって、

「こんな状況で騙されないように気をつけよう」

と、自戒のための材料にしたり、反対に、

「こんな状況にあえてもち込んで、印象アップに利用しよう」

と、逆手にとって利用したりと、「見る側」「見られる側」の両面の視点に立ちながら、一つひとつを読みすすめていただければと思う。

1 「この人はいい人だ！」
～心を開かせ、油断させる六つの罠

心理術❶ ジョハリの窓

私たちは人間関係を維持する中で、相手のことを知るだけではなく、いつの間にか自分自身のことも知っていくものだ。もしも世界に自分ひとりしかいなかったら、自分の心の内部を新たに発見することは難しい。鏡がないと、自分の姿が映せないのと同じである。

その映し鏡には、二つの種類のものがある。ひとつは「自己確認」の鏡、そしてもうひとつは、「自己拡張」の鏡と呼ばれるものだ。

自己確認とは、たとえば優しさが取り柄の人間に対して、

「キミはやっぱり親切なところがあるなあ」

とあらためて言語化したり、誰が見ても明らかに美人の女性に、

「あなたは相変わらずきれいね」

と、これもまたあらためて指摘するようなコミュニケーションである。指摘された人は、もちろんうれしいだろう。しかし、それは自分自身でもすでに知っている自分であるため、記憶にはさほどとどまらない。


それよりも、他人から言われてとてもありがたく感じるのは、「自分も気づかなかった自分」について、相手から褒められることである。いままで思い込んでいた「自己」の範囲が、心の中で拡大されていくと、その相手のことを「すごい人かもしれない」と尊敬しやすくなる。この現象は、自己拡張と呼ばれている。


どんなに褒め上手でも、自己確認ばかりではつまらない。それよりも、たとえば外見が売りと思っている人に対しては、むしろ、

「言葉遣いが美しいですね」「文章が文学的ですね」

など、これまでに言われたことのないような評価をしてあげるほうが、こちらの印象は強烈に残ることになる。そしてその後も、大きな信頼感や期待を寄せられるようになるのだ。つまり、自己拡張コメントをしてくれる人の言葉を、人は妄信しやすい。

このような人間の心を「四つの窓」にたとえたものがある。ジョセフとハリーという二人の心理学者が作ったもので、略して「ジョハリの窓」と呼ばれている。

		自分は	
		知っている	知らない
他人は	知っている	A 開いた窓	C 見えない窓
	知らない	B 隠した窓	D 暗い窓

BやDの窓には本人のコンプレックスが潜んでいる場合があり、専門家以外はあまり触れないほうが賢明とされている。しかし、自分は知らないが他人は知っている「見えない窓」、つまりCの窓を叩かれると、人は自己拡張を感じ、簡単に心を許してしまうのだ。

ジョハリの窓…▼自分の知らない部分を指摘してくれた人に、心を許しやすい。

心理術❷ ページング

人間が最も苦手とする相手は、おそらく「動かずに黙っている人間」だろう。表情のない人、黙っている人にはものも売りにくいし、説得もしにくい。

いくら心理テクニックを知っていても、そういう相手だと、どのタイミングで、何を仕掛けるべきかが見えづらい。カウンセリングでも、黙り込んでいる患者さんほど、やりにくいと感じる相手はいないものだ。

反対に、すごく饒舌な人が相手だと、こちらのペースにもっていくのはわりと簡単であったりする。したがって、営業マンにとってもカウンセラーにとっても、いかに相手をしゃべらせるか、ということが、ひとつの大きな課題となるだろう。

ときどき、相手を話に乗せようというサービス精神から、自分の話をいっぱい聞かせる人がいる。しかし、それは逆効果である。特に初対面のとき、その場にいるメンバー間における、「自己開示の比率」は、だいたい同じくらいのボリュームでないと、「この人とはソリが合わない」と、思われやすいというデータがある。

もっと理想を言えば、同じくらいのボリュームではなく、本当は相手のほうにたくさんしゃべらせたほうが、こちらに強く好印象を抱くものだ。人は、自分がしゃべればしゃべるほど、

「今回の会話は盛り上がった。この人とはウマが合う」

と思い込みやすい。盛り上がってしゃべっているのは、自分だけだということに

は、気がつきにくいのだ。

　とにかく相手をおしゃべりにする方法。それは、安直ではあるが、こちらが「ボケ」に徹することに尽きるだろう。相手が何か話題を提供してくれたときに、「私も聞いたことがあります、それ知っていますよ」というリアクションを取るのでなく、まるで初めて聞いたようにふるまうということだ。安直な行動に思われるかもしれないが、これはカウンセリングの導入においては大原則とされている。

　ここでのポイントは、その「ボケ」を会話全体にわたってやりすぎないことだ。相手の話の3分の2くらいには単純に賛同し、たまに、いきなり「それは知らなかった」と驚いてみせる。それによって、相手に得意げに説明してもらうような雰囲気を作ることが、最適なペーシング（歩調合わせ）だと言われている。

　説得に長けている人、好印象をもたれる人は、必ずしも話し上手な人とは限らない。むしろそれよりも、相手にしゃべらせるペーシングがうまいのだ。


ペーシング…▼自分がしゃべればしゃべるほど、相手とウマが合っていると思いやすい。

心理術❸ スティンザー効果

アメリカの心理学者のスティンザー博士は、ふだん何気なく座っている「イス」の配置を分析することで、説得力との関係性を見出した。

どのイスに座るかによって説得力が変わる……、この視点自体が心理学としてはかなり画期的である。そのうえ実験結果としても、想像以上に、座り位置のもつ影響力が検出された。

スティンザー効果は、発表当時ものすごく話題を呼んだ心理現象である。

博士の主張は単純明快。まずひとつめは、

「敵は何かと正面に座りたがる」

という事実。つまり、相手に「NO!」「反対!」とはっきり切り出しやすいのは、正面の席であるということ。まさに「真っ向勝負」とはこのことである。

キャッチセールスの上手な人は、いつもスッと横に並んできて、横顔に向かって話しかけてくる。真正面から声をかけたらはっきり断られやすい、そのことを経験的に熟知しているのかもしれない。

さて、スティンザー博士が発見した現象の二つめ。それは、

「どの席に座っていようと、賛成意見の次に出されるのは、必ず反対意見」ということである。これは、ネットの掲示板などを見ているとよくわかる。何かカキコミがされると、「でもさあ……」と反対意見が続くことが多い。

さらに、それに対してまた「それはないんじゃないの?」と反対意見が重ねられる。かくして、反論の反論の反論……、これが交互に出し続けられるのが、いわゆる「炎上」の始まりかもしれない。

しかし、スティンザー効果をうまく利用すれば、会議などでこちらの意見を通りやすくすることができる。たとえば、あなたがどうしても「A」という意見を押したいときには、けっして「B」の意見をもつ人を、正面に座らせてはならない。ただでさえNOと言いやすい位置なのだから、それでは不利である。できれば、強烈な賛同者、つまり「A」と思っている人とあらかじめ打ち合わせておき、その人とグルになって、向かい合わせの席に陣取るべきだ。そして、反対意見が出る暇がないくらい、間髪を入れずに「Aだと思う」と、向かい合わせで賛成し合う。この効果は意外に強烈である。かなりの確率で、Bという意見は切り出しにくいムードになる。このような効果を悪用した、新興宗教への勧誘や、高額な品物の押し売りも少なくないので、座り位置には注意が必要だ。いつでも正面から強く、自分の意見を言うべきである。

スティンザー効果…▼隣に座った人、90度横向きに座った人には、心を許しがちになる。

心理術④ アンダーマイニング効果

私たちのモチベーションには、２種類のものがある。ひとつは、「外発的モチベーション」。つまり、頑張ることで物質的な報酬や評価を得ようとする意味でのヤル気である。もうひとつは「内発的モチベーション」。これは、やっている仕事の内容自体に、おもしろさ、充実感、使命感を感じて頑張ろうとする意味でのヤル気である。

そして人間は一般的に、内発的モチベーションによって動いているときのほうが、集中力が高く、エラーも起こしにくいことがわかっている。

子どもを対象とした調査でも、

「テストでいい点を取るために」「ゲームを買ってもらうために」

勉強し続けている子どもよりも、

「大好きな科目がある」「新しいことを知って物知りになりたい」

という内発的モチベーションで勉強している子どものほうが、圧倒的に高い集中力を維持しながら、効果的な学習法を取っている。

これは、もちろん大人も同じである。

たとえば、人事採用の面接官をやるにしても、

「これが自分の仕事で、給料をもらっているから」

という面接官よりも、

「いい人材を探し出したいから」

という面接官のほうが、当然ながら相手に対してクリティカルな目線を向け、些細な短所も見逃すまいという厳しさをもつだろう。

しかし、この内発的モチベーションは、ちょっとしたことがきっかけで、簡単に外発的モチベーションにシフトしてしまうこともわかっている。それは、せっかく内発的に仕事をしている最中に、いきなり外発的な報酬が与えられるケースである。やりがいを感じて仕事をしているときに、にわかにインセンティブを与えられると、その人はもう、今後インセンティブなしで仕事をするのはバカバカしくなってくる。

報酬によって、せっかくの内発的な意欲がなくなり、集中力が萎《な》えてしまうのだ。これを「アンダーマイニング効果」と言う。

この効果を巧みに使うことで、相手の集中力を一気に低下させ、見る目を甘くさせ

るテクニックがある。

それは、厳しく接してくる人に対して、「たいへんなおシゴトですね。すごいですね」など、思いもかけない言葉の報酬を与えるのだ。そんな些細な働きかけでも、「そうか、これは単なるおシゴトなんだよな」と、アンダーマイニングが引き起こされ、油断してしまう。

だから、そういう褒めセリフをサラッと口にできる人は、実力はさておき、なんとなく甘い目で評価され、優遇されることも多い。


アンダーマイニング効果…▼内発的モチベーションは褒めセリフで簡単にシフトし、見る目を甘くする。

心理術❺　ピグマリオン効果

「絶対にウソはつかないでね」

と、釘を刺されるよりも、

「あなたは正直だから好きよ」

と、始めからまるまる信頼されているほうが、その相手にはウソがつきにくい。

人は、誰かからはっきり期待されたり信頼されたりすると、なんとかしてそれに応えようとする、「好意の返報性」をもっている。

これは単に気分的な問題ではない。期待をかけられ続けると、本当に営業成績が上がったり、本当に相手の期待どおりの性格に変わったりするのだ。

ある小学校で行われた、こんな実験がある。心理学者が、名簿からランダムに5人の生徒を選んで、そこの担任教師に、

「この5人はすばらしい。潜在能力がきわめて高い生徒です」

と、ウソの耳打ちをするというものだ。すると、教師はそれを信じ込み、その5人には並々ならぬ期待を寄せ始める。

すると、1年後には、「本当に」その5人の成績が高くなっているのである。教師が「この5人はできる」と信じ込むことで、いつの間にか、その生徒たちに対して、ほかの生徒よりもちょっとチャレンジングな問題を与えたり、解けなくても根気強く待ってあげたりと、効果的な教育方法を用い続けた成果である。

この実験で見られた現象を、ある心理学者は「ピグマリオン効果」と名づけた。期待すると真実になる効果である。

ちなみに、ピグマリオンというのは、ギリシャ神話に出てくる王の名前。彼は、美

しい女性の彫刻像に恋をしてしまう。そして、「この彫刻を生きた女性に変え、妻にしたい」と熱烈に祈っているうちに、女神がこの希望を聞き入れて、本当にその彫刻に生命を吹き込んだという話である。

この神話からヒントを得て、相手に対する期待が、本当に相手の知能や学習意欲に大いなる影響を与えるという心理学的現象を、ピグマリオン効果と呼ぶようになった。

つまり、相手を希望どおりに動かすには、まず相手を「いかにも信じているように見せる」ことが重要、ということになる。そして、たとえば親切にしてもらいたければ、「あなたは親切な人」と、なんの根拠もなく、ラベリングしてしまうことがポイントになる。

好かれる人は、これが本当にうまい。雑誌取材を受けているときなど、「先生の話は本当に楽しい」と、お世辞なのはわかっているが、始めから決めつけてくるインタビュアーには、やはり弱い。いつの間にかサービスしてしまい、いつもより長い時間話し込んでしまうものだ。

ピグマリオン効果…▼無条件に期待されたり、諸手《もろて》を挙げて好意をもたれれば、その期待を裏切れなくなる。好きになりがち。

心理術6 バンドワゴン／アンダードッグ効果

商品が飛ぶように売れている雰囲気を演出し、客をムードや勢いに乗せることで購買意欲を高めようとする販売方法がある。ついついサクラに乗せられてしまう心理を、「バンドワゴン効果」という。バンドワゴンというのは、大きな祭りのパレードに登場する楽隊車のことだ。このクルマが来て演奏が始まると、それまで冷静だった人の気持ちもウキウキしてくる。ウキウキは広がり、最後は全員がハイテンションになる。

宣伝で、「いまは3人に1人はこのタイプの携帯電話をもつ時代」などというデータを示されると、その言葉がバンドワゴンとなり、「自分も乗り遅れたくない」という心理が広がっていくものだ。そのため、他者の所有や利用が増えるほど、需要がさらに増加していくという消費現象がある。「勝ち馬に乗る」「寄らば大樹の陰」といった行為を、みんなが取ってしまうケースである。

しかし、日本人の場合は、このバンドワゴン効果はあまり長続きしないことが指摘されている。ひととおりの流行熱が冷めると、「一味違ったこだわりのあるものが欲しい」という特権意識のほうが芽生えてくるのだ。

これは「スノッブ（変わり者）効果」と呼ばれるもので、誰でも一定の流行が落ち着いたあと、「このスノッブ状態に落ち着く」という統計がある。そのタイミングで効果的なのが、「アンダードッグ効果」と呼ばれるものである。「負け犬効果」なのだが、日本人独特の「判官びいき」につながる心理を、巧みに利用したテクニックと言える。

身近なところでは、選挙運動などにうまく使われている。候補者が、メディアなどで、始めは「手ごたえ十分です！」と楽勝を宣言するものの、しだいに、「ギリギリのところで、かなり苦戦しています」と、やや弱った表情を見せ始める。それによって、予想外の激励票や同情票が集まり、さほど有力でなかった人物が、いきなりトップ当選を果たしたりすることがある。バンドワゴン効果でひととおり興味を引き、それがあまり奏功しなくなってきたら、今度はアンダードッグ効果に切り替え、自分の身の上話などで、「同情」の形でのモチベーションを喚起する。このような合わせ技によって、私たちはいつの間にかコントロールされているのである。

バンドワゴン／アンダードッグ効果…▼始めは人気者だったのに、途中から苦戦し始めた人は、応援されやすくなる。

2「これは納得のいく話だ！」

～人がたやすく説得される六つの罠

心理術⑦ 両面提示効果

長所ばかりを並べられると、人は一般的に胡散《うさん》臭さを感じる。しかし、ちょっとだけ短所を交ぜると、急に信憑性が上がるものだ。ポジティブな面だけでなく、あえてネガティブな面を交ぜることで、商品価値を高めるテクニックのことを、「両面提示効果」と呼ぶ。これは、長所だけをたたみかける「片面提示」よりも、説得力が数倍も上がることが実証されている。

先日、「3日に1台」という割合で、何百万円もの新車を売り続けているという、凄腕のディーラーと対談をする機会があった。彼の話を聞いていると、やはり売ろうとする車の「短所」を、けっこうな割合で口にしているようだ。それによって、

「この人の言うことは真実味がある」

というように、商品そのものというよりは、彼自身への信頼性が格段と上がっていく様子が、垣間見《かいま》見られた。

たしかに、電器ショップでデジカメの説明をされるにしても、

「画質がよくてコンパクト。しかも手ぶれにも強いですよ」

と言われるよりも、

「画質がよくてコンパクト。値段はちょっと高めですけど、そのぶん手ぶれに強いですよ」

という説明のほうが、明らかにウソっぽさは減じられる。

この両面提示効果についてより深く研究した結果を見てみると、特に、教育水準の高い人ほど、両面提示にひっかかりやすいことが明らかになっている。

その理由としては、教育水準の高い人は一般的に、

「そんなうまい話があるもんか」

と、片面提示をまず疑ってかかる傾向が、もともとベースにある。だからこそ、そこに否定的な面も一緒に提示されると、意外性を人一倍強く感じて、一気に「なるほど」と考えがひっくり返るようになる。

また、この両面提示を行ううえで重要なことは、ネガティブな情報と、ポジティブな情報を、どんな順番で提示するかということである。

詳しくは、心理術27の項でも説明するが、最初にネガティブから入ると、その情報に後々ずっと引きずられてしまう。かといって、最後にネガティブな情報をもってくると、今度はネガティブな印象だけが残ってしまう。

したがって、最も効果的なのは、「ポジ→ポジ→ネガ→ポジ」という構成になる。たとえば「今日はピチピチの鮎が入りました」→「天然モノでいい香り」→「ちょっと小ぶりですけど」→「いまが旬ですね」と語る魚屋がいたら、私なら思わず買ってしまうだろう。

「ポ・ポ・ネ・ポ」である。

両面提示効果…▼「ポ・ポ・ネ・ポ」の順で、ひとつだけネガティブ要素を入れておくとかえってポジティブな印象に。

心理術⑧ メタ認知

メタ（meta）とは、英語で、「ひとつ高次元の」という意味の接頭語である。

よって、「メタ認知」とは、自分の認識を、ひとつ高次元から客観的に眺め、検討する能力のことを言う。

たとえば、何か頭にきて、誰かに怒鳴ってしまっている最中。そういうときにでも、

「なんだかいま、すごく怒ってしまっているな」

と、自分自身をちょっとズームアウトして見ることができる人は、わりと短時間で怒りをコントロールし、いったい何が問題なのか、という次のステップについて考えることができる。

しかし、メタ認知の欠如している人は、手のつけようもないくらい、ただキレるだけである。自分の怒りにドップリ浸かってしまい、内省することができないまま、被害者意識を抱え込んでいる。

したがって、メタ認知とは、その人の知性の高さのひとつとも言える。実際に、いつでも客観的になれる人は、ただそれだけで、「使える人材」として重宝される傾向がある。

しかし、それを逆手にとれば、いかにもメタ認知があるように「見せかける」だけで、人を簡単に信用させ、騙すこともできるだろう。

たとえば、次の二つの文章を見比べてみてほしい。

A「人間は、オーラによって運命が変わっていくものです。それは、絶対的な事実です。なぜなら、○○という実験がその証拠ですし、××という易者もこんなエピソードを述べています」

B「人間は、オーラによって運命が変わっていくものです。しかし、そんなことを言われても、なんとなく信じがたいですね。私も最初はそうでした。ところが、○○という実験ではそれがはっきり示されているのです。もしかしたら、こんな実験を見せられても、やっぱり腑に落ちないかもしれません。そこで、ある易者のエピソードを聞いてください」

二つとも、「オーラによって運命は変わる」という、同じ内容を言っているのだが、Aにはメタ認知的発言がなく、ただ淡々と述べているのみ。しかし、Bは傍線部のようなツッコミを交ぜることで、いかにも客観的に見える文章となっている。

自信たっぷりに聞こえるのはAだが、説得力をもち、多くの人に好印象を抱かせるのはBのほうである。

あえて自分を疑って見せ、自問自答を演出しながら話す態度。これは、相手を手っ取り早く信頼させる簡便な方法である。

メタ認知…▼自分を客観的に見せながら（突っ込みながら）話されると、妙に説得されやすい。

心理術⑨ モデリング効果

兄弟関係と、その人の大人になってからのパーソナリティには大きな関連がある。たとえば、長男長女は一般的に大らかでお人よし、次男次女は、敏《さと》くてちゃっかりした人が多いというデータもある。

その主な原因は、「モデリング効果」によるものと考えられている。次男次女は、幼い頃から、年上の兄弟が親から叱られたり褒められたりする様子を「モデリング」、つまり間近で観察することで、「こういうことをしたら兄（姉）のように叱られる、褒められる」という空気を先読みして、要領よくふるまう力が発達する。

人間には、自分が直接叱られるよりも、身近な他者が罰せられているシーンを目の前でモデリングするほうが、より骨身にしみて、記憶から離れなくなる面がある。

特にそういう傾向は、大人になってからよりも、子ども時代に多い。また、一般的には男性よりも女性に多く見られる。直接的に説得や説教をされたわけではないのに、ほかの人がそうされているところを見るだけで、特に女性や子どもは、わがことのように強く影響を受けてしまうのだ。

このモデリング効果が後押しするのだろう。多くの女性はテレビショッピングや実演販売という、「見せる営業」にはめっぽう弱い。商品の説明書を読まされたり、そのメリットについて言葉で説得されるよりも、

「この圧力鍋でこんなにおいしく炊けた！　すごい！」

と、主婦モデルが驚いている映像を見せられたり、

「この水晶ブレスレットで、こんなにハッピーになった！」

と、ウエディングドレスを着たモデルの写真を見せられるといった単純な商法によって、相当数の女性が大枚をはたいている。

モデリング効果の恐ろしさは、単に「考え方」に影響を及ぼすというだけではなく、実際に財布の紐をゆるめたり、勧誘されるがままについていったり、というように、「行動そのもの」に変化を与える点である。

たとえば、客の前でわざと、「テーブルが汚れているじゃないか！　すぐお拭きして！」などと、バイト店員を怒鳴る（芝居をする）店長がたまにいる。「スミマセ

ン、スミマセン」と謝るバイト君の姿を見せられると、なんだか客のほうまで咎《とが》められたような、気まずい気持ちになるものだ。それと同時に、
「ここはずいぶんと客を大事にする、熱心な店なんだな」

などと妙に感心させられ、思わず一品多く注文してしまったりする。「見せられる説得」の効果は侮《あなど》れない。


モデリング効果…▼自分が叱られるより、それを見せつけられるほうが、心に残りやすい。

心理術⑩ スリーパー効果

高級車や不動産など、数千万円単位のものをバンバン売る営業のカリスマは、迷っている客には即断を迫らない。いま売ってしまいたい、という前のめりの姿勢は消し、あえて購入期限を延期させるという。

「いま決めなくて結構ですよ。大事な買い物ですから、ゆっくり考えてください」

などと、そっけなく一度突きはなすのだ。そして、1週間くらい経ってからおもむろに、

「いかがですか。在庫も少なくなりましたのでお知らせします」

などという電話をかける。そういう姿勢のほうが、長い目で見たときに購買率を高めることを、経験的に知っているのだろう。

無理に押さなくても、ただ時間が経過するだけで、物事の価値や信頼性がいつのまにか上昇する……、これは、「スリーパー効果」と呼ばれる現象である。

仮に売り手がいかにも胡散臭い人であっても、その悪印象は時間とともに薄れていき、「商品の魅力」だけが残像として記憶に残りやすくなるのだ。その結果、「あの商品はすごくよかった」という気持ちが、あとになって高まる現象である。

買い物だけでなく、面接やお見合いなどにもスリーパー効果は影響を与える。最初は、相手に対して悪い印象をもったとしても、時間が経過するほど、それはニュートラルに変わっていきやすい。

そして、どちらかというと相手のポジティブな部分のほうが、記憶には残りやすくなる。これは前章でも述べたことだが、だからこそ、あまり時間が経過しないうちに、採否の判断は行ったほうがいいのだ。

逆に、教師や医師など、もともと「信頼性が高い」と思い込まれている職業の人たちには、こういったスリーパー効果はあまり働かない。むしろ、時間が経つほどに、評価はネガティブな方向に傾くことがわかっている。

つまり講演などで話した直後が、その信憑性はマックスに高く、時間の経過とともに「よく考えたら先生の言っていたこと、本当かな？」と疑わしくなってくるのだ。

まとめると、通常の買い物や、面接人事などでは、あまり日時が経過しないうちに決定をしたほうが、ポジティブな評価に偏らずにすむため、大きな「期待はずれ」をしなくてすむ。

反対に、もともと高い信憑性をもつ相手の意見には、その場で返事をせずに、ちょっと寝かせておいたほうが、偏った妄信が避けられ、「買いかぶり」をせずにすむということになる。

スリーパー効果…▼時間が経過するほど、怪しい人の話は信じやすく、信頼性の高い人のそれは疑いやすくなっていく。

心理術⑪ フレーミング効果

多くの人は、数字のトリックに弱い。特に、どっちの選択肢を選ぶかといった判断を行うとき。宣伝文句の中の数字の表現方法（フレーミング）によって、私たちの判断は大きく左右される。

たとえば、飲料品の宣伝などでは、

「タウリン１０００㎎で元気に！」

といった、ポジティブな文脈で数字が使われることが多い。そういうときは、こちらもその雰囲気に乗って、「へえ、１０００㎎も入っているんだ」と、数値を大げさに解釈しがちになる。

「なんだ、つまり１gしか入ってないのか」

と、掘り下げて考えることはほとんどない。ポジティブな表現が使われている宣伝では、人は数値を吟味しなくなる。これを、リスク回避型のフレーミングと呼ぶ。

たとえば、６００人を乗せた大型客船が氷山に激突……、といった事故が発生したとき、二つの会社のレスキュー隊が来て、Ａ隊の人は、

「もし、うちがレスキューすれば、２００人助かります」

という言い方をしたとする。一方でＢ隊の人は、

「もし、うちがレスキューすれば、全員助かる確率は３分の１ですが、誰も助からない確率は３分の２です」

という言い方をしたとする。すると、ほとんどの人が思わず頼りたくなるのは、

「200人助かる」と、パッと言ってくれたA隊だろう。

しかし計算上では、B隊だって同じ内容のことを言っているのだ。むしろ、事態を確率論的にシミュレートしているぶん、正確な仕事をしてくれるかもしれない。

一方、ネガティブな宣伝文句と一緒のときは、これが逆転する。

「もし、このレスキュー法を採用すると、400人が死にます」

「もし、このレスキュー法を採用すると、誰も死なない確率が3分の1、全員助からない確率が3分の2です」

こうなると、今度は多くの人が後者の対策を選びたくなる。

「○人が助かる！」というポジティブな話のときには、インパクトのある数値に引きつけられがちだったのに対し、「○人が死ぬ」というネガティブな文脈になると、人はとたんに、吟味された数値表現に注意を向けるようになる。今度は、リスク探索型のフレーミングに切り替わるのだ。数値のトリックをうまく使える人は、このフレーミング効果を熟知している人だろう。宣伝広告などでは、「5万円トクをする」と獲得値を大げさに書き、相手を乗せる。ただし、注意書きには「13％の確率で……」と損失値を確率的に書き、信頼感を高めるのだ。

フレーミング効果…▼信じやすいのは、いい話のときは大きな断定数値、悪い話のときは分析数値。

心理術⑫ ランチョン・テクニック

人は一緒に食事をしながら話をすれば、相手に対して好意をもちやすい。なぜなら、

①「おいしい」という感覚は、脳内の快楽中枢に直結している。
②だから、おいしいものを食べながらの「会話」もまた、快楽中枢と連合しやすい。

という、単純なメカニズムが成立するからである。

しかし注意すべき点は、ゴハンを食べれば、単に盛り上がって楽しい……、それだけのことではないということだ。ランチョン・テクニックの本当の恐ろしさは、相手の話を「信じやすくなる」という現象であろう。

アメリカの実験で、こんなものがある。それは、実験参加者に、ピーナッツやチューインガムを口にしてもらいながら、評論文を読ませるというユニークなもの。すると、

「ガンの治療法が発見されるには、あと数百年以上かかる」

「月への一般人の旅行は、数ヵ月以内には実現する」といった、かなり根拠の薄い「マユツバもの」の話に、ものすごく高い信憑性を感じたというから驚きである。

一方で、口の中を空っぽにして読んだ人たちは、こういう評論に対して、「これ本当なの？」と、しつこく疑念を抱いたという。

人は何かを食べているときは、単に楽しいだけではなく、とても簡単に説得されやすく、騙されやすい状態になるのだ。

その理由としては諸説考えられるが、ひとつは、口を動かしているときは、歯や舌や喉の感触に注意が向かうため、頭の中の緊張感や批判力が抑制されてしまう、ということがあげられる。

そしてもうひとつの理由としては、口の中にものが入っていると、発言や反論そのものが思うようにできず、「まあ、いいか」といういい加減さを導きやすいとも考えられている。

料亭政治という言葉があるくらい、このテクニックは日常的にも使われている。何か一緒に飲み食いすれば、交渉が有利にすすむという経験則があるのだろう。

そしてこのテクニックの怖いところは、高級料亭に行かなくても成立するということである。実験でも示されたとおり、ピーナッツひとつでも、説得率が上がるのだ。

だから、面接中にガムなどを口に含むのはご法度《はっと》と言える。モグモグするほど、いつの間にか相手のことを信じやすくなるのだ。

また、大事な話をするときに、いちいち、

「まあ、後日飲みながらでも……」

などと、やたらと場を改めたがる人は、もしかしたら、何かもくろみを心に隠しているのかもしれない。


ランチョン・テクニック…▼何か口の中に入れながら聞いた話は信じ込みやすい。

3「こんな貴重なものはない！」
～魅了され、独占欲を煽られる六つの罠

心理術⑬ 50％効果

「実験の協力者大募集。月収１００万円。仕事は毎日、個室で横たわってもらうこと。食事つき、冷暖房完備。ただし部屋には窓がなく、テレビや本もありません。身体も基本的に動かしてはいけません」

これは「感覚遮断実験」という心理実験の被験者募集の広告である。特に何もしなくていいのに高額の収入。とはいえ、いかにも孤独で退屈そうな仕事だ。

これは、「こんなバイトが自分に勤まるのだろうか」という自信度が、ちょうど50％くらいに感じられる設定だと言われている。

実は、この指示どおりのバイトを続けると、数週間後には多くの人に幻聴が聞こえ

るようになったり、躁鬱状態をきたしたりして、「頼むから、もうこの部屋から出してほしい」と叫ぶはめになるという。本当はこのうえなく過酷なアルバイトなのだ。

それにもかかわらず、この広告には、「われこそは」という応募者が殺到した。50%くらいの自信度を引き出す課題……、つまり適度にチャレンジングな課題は、誰でも強い魅力を感じ、飛びついてみたくなるものなのだ。

子どもを被験者にした観察実験でも、同様の結果が見出されている。輪投げ遊びをさせるとき、「入るか入らないかが50%くらいの確率」の地点から投げさせた場合が、子どもたちはもっとも盛り上がり、何度もトライし続けるのだ。

ポールのすぐ手前から投げれば100%成功するし、すごく遠くから投げれば0%に近くなる。これはどちらとも魅力がない。

人間は、「うまくいくかいかないか、それが自分の努力しだいでどちらにも転ぶ状態」、つまり50%の状況にもっとも興味を引かれ、その地点に自分の身を置きたがるところがある。

だから、「なんの努力もなしで、みるみる痩せる」というダイエット食品は、インパクトのわりにさほど売れないという。

しかし、「このトレーニングを続ければ必ず痩せる。ただし成功するかどうかはあなたの努力しだい」などと銘打った商品だと、「われこそは」とチャレンジする人が増加する。

この50％効果には、多くの人が簡単にコントロールされる。

ビジュアル的にも、百パーセント完璧にスーツを着こなした食品販売員よりも、上から白い割烹着を羽織っていたり、エレガントな制服なのに、靴だけスポーツシューズを履いて動き回っている販売員のほうが、圧倒的に高い集客率を見せることがわかっている。

「この人とうまく話せるかどうかわからない、でもどこかおもしろい感じがする」という、50％程度のドキドキ感を煽ることで、魅力のある人だとカン違いさせるテクニックである。

50％効果…▼人は、非の打ちどころのない人より、半信半疑に思うくらいの相手に強く引かれがち。

心理術⑭ カリギュラ効果

ボストンは、風紀に厳しい町である。そのためにいまから30年近く前、この町では

『カリギュラ』という映画が上映禁止になったことがある。

映画の内容は、暴君で知られるローマ皇帝カリギュラの、残虐なシーンを淡々と描いたもの。さして奇抜な内容ではないが、「上映禁止」というキーワードが功を奏したのか、ボストン市民は、逆に「一目でも観たい」と大騒ぎになったという。

中には、わざわざ遠くの町に行ってまでこの映画を観る人も多々現れ、「それでは意味がない」というわけで後日、とうとうボストンも公開に踏み切ることとなった。

以来、このような現象は、「カリギュラ効果」と呼ばれるようになった。つまり、禁止すればするほど、そのことがかえって魅力的に見えてしまうという心理である。

このカリギュラ効果を確かめた、興味深い実験がある。母親が、まず5種類のオモチャで子ども（3～5歳）を自由に遊ばせて、「どのオモチャが好き？」と、5位まで順位をつけさせる。次に母親は子どもが第2位にあげたオモチャで遊ぶことを強く禁じ、「これには触らないようにね」といいつけておく。こうしておいて、母親は子どもを残し部屋を出る。そして10分後、部屋に戻った母親は禁止の命令を解除して、しばらく自由に遊ばせる。その後、もう一度子どもに好きな順にランキングさせると、どの子どもも、さっきの「禁じられたオモチャ」を1位にあげたのだ。

人は意味もなく禁じられると、「これはいけないことだ」と素直に認識するのではなく、むしろ「大事なことが隠されているのかも」と疑い始める。そして、さっきまでさほど気にしていなかった物事に、急に注意が向くようになる。

カリギュラ効果のポイントとなるのは、「禁止」という要素が、広告の中に大胆な表現で織り込まれていることである。たとえば、

「この運動器具、本気で痩せる気のない人はけっして買わないでください。お金を無駄にすることになります」

「初めてのお客さんにこの化粧品を売ることはできません。まずはサンプルからです」

というような、禁止文句をあえてはさむ話術、これは、「とにかく買ってくださ い」というダイレクトな懇願よりも、奏功する確率は高いだろう。

カリギュラ効果…▼禁止されたモノや人には引かれる。

心理術⑮ ザイガルニック効果

合コンやお見合いのような出会いの場。相手の連絡先を聞いて、そのあとに、「次はいつ会える？」と、具体的なアポまで取ろうとすると、だいたい失敗に終わる。し

つこい態度は、その人の価値を低く見せてしまうものだ。

相手を引きつけるのが巧みな人は、連絡先だけは聞くが、「じゃ、さよなら」と、あっさりその場は去るだろう。

そうされると、人間は、相手のことが頭から離れなくなる。どんなに気の利いたメッセージや説得、力のある話術よりも、「え、まだ話が終わってないのに……」という未完結な感慨にこそ、人はもっとも強く魅力を感じる。

これは、何も大人に限ったことではない。幼稚園児を対象とした実験でも、絵本の読み聞かせをしていて、

「じゃあ今日はここまでね」

と、わざと途中で打ち切られた群のほうが、半年後になっても、その結末の不明な物語の内容や主人公について、詳細まで覚えていたという実験結果がある。

「先が気になるなあ」という情報ほど記憶にとどまり、価値を高く見積もりやすくなる。この現象を、心理学者の名を取って、「ザイガルニック効果」と言う。

話している途中で「あ、やっぱりいいや」とやめられると、「ちょっと、最後まで話しなよ！」と夢中になって聞きたくなる心理も、この効果だろう。

なぜ、こんな現象が起きるのだろうか。それは、前述したように、人間の脳は基本

的に「ケチ」であるということに、起因している。

ケチなわけだから、途中で終わってしまったような情報は、普通「役立たなかった情報」として、記憶容量から追い出してしまおうとする。頭に入れておくのはもったいないと判断するものだ。

ところが、その「無駄なことは記憶から追い出そう」とする強い本能が、かえってアダになる。人は、「追い出そう、忘れよう」とする情報ほど、かえって思い出してしまうものなのだ。

これを示すおもしろい実験に、白熊実験と呼ばれるものがある。

「白熊のことをいっさい考えないでください」

と強く釘を刺された人たちのほうが、半年後も白熊のことを忘れられずにいた、というユーモラスなものだ。考えないようにしようと構えることで、どうしても脳内ネットワークが、かえって「白熊」にリンクしてしまう。

話を途中で打ち切る人は、人を騙すのもうまいはずである。勝手に魅力的だと誤解させることに、長けていることになるからだ。

ザイガルニック効果…▼話を途中で打ち切られると、その人や話が気になって

仕方がなくなる。

心理術⑯ リアクタンス効果

行列ができるようなお店には、たいてい「売り切れしだい閉店」などと銘打たれた看板が、掲げられている。これは食べておかないと負けになる……、そういう戦闘意欲が、長時間でも待ち続けるモチベーションを支えるのだろう。

さらに、並ぶという行動を取ることで、

「苦労して手に入れたんだから、おいしいに決まっている」

という自己暗示がすすみ、料理の味を、実際以上に増幅させる効果もある。

これまでも述べてきたが、私たちは、「やっぱり並んでよかった」「ガマンした甲斐があった」というように、自分の過去の行動を全肯定したがる、ケチ脳という構造をもっている。

その構造を巧みに利用したのが、限定の効果、つまり「心理的リアクタンス」を利用した販売術であろう。

男性は女性以上に、「個数限定」「レア商品」というフレーズに反応する。人のもっていないものを入手する、という優越感が購買意欲を掻き立てるのだろう。

一方、女性は優越感を得たいという気持ちより、むしろ、「自分だけが損をしたらどうしよう」という心配や恐怖心が、エネルギーとなることが多いと言われている。

だから、特に女性が反応を示すフレーズは、「期間限定」のものであると言える。つまり、「3日間限り」などと呼びかけられると、なんとなく取り残されるのが不安になり、結果として殺到する傾向がある。

このように、少々の男女差はあるものの、人は一般的に「限定されている」という状況に弱い。だから、商品を手っ取り早く魅惑的に見せたかったら、(そうでなくとも)あえて限定品扱いにすることがポイントになる。

これは人間関係でも同じことが言える。たとえば映画に誘うにしても、「映画に行きませんか?」とだけ聞くよりも、「この映画は今週で終わるんだってね」と話しかけたほうが、相手の能動性は高まるものだ。

また、営業で新商品をすすめるときも、「ぜひいかがですか?」と言うだけではなく、「この商品はもうすぐ完売状態なんです」と、限定っぽい雰囲気を演出するほうが、購買率は高まるだろう。

限定という一言に、私たちは案外簡単に惑わされるものだ。

リアクタンス効果…▼期間や個数の限られたモノ、限定的な人は、よく見える。

心理術⑰ 代替案効果

・ルックスはものすごくいいが、性格にかなり問題のあるAさん。
・ルックスは劣るけど、性格がものすごく優しく、尽くしてくれるBさん。

この二人から同時に告白されたら、どちらと付き合うべきか迷うだろう。ルックスか、性格か……、難しい二者択一を迫られることになる。

その迷っている最中に、Cさんという新しい存在が現れたとしよう。Cさんはどんな人かというと、ルックス的にはごく普通。性格は悪くないのだが、かといってBさんほどすごく優しいわけではない。

すると多くの場合、急にBさんのことが妙に気にかかるようになる。

「Bさんのように優しい人には、もうなかなか出会えないかもしれない」

と、株が上昇し、Bさんの存在が貴重に見えてくるものだ。

しかし仮に、あとで現れたCさんが、性格的にはよくも悪くもないのだが、顔はビミョーに可愛い程度で、Aさんほど抜群にルックスがいいわけではない。そういう場合には、今度はAさんのことが妙に気になるようになる。

「Aさんほどルックスのいい人は、とても貴重な存在なのかもしれない」と、強く感じられてくるからである。

つまり、AさんとBさんを客観的に比べて考えているのではなく、Cさんという第三の存在によって、どちらかが、急に引き立って感じられてしまうのだ。

AかBかという二者択一において、どちらかの株を上げるような、新たな代替案が投入される。なかなかトリッキーなので気づかれにくく、そのぶん、この「代替案効果」の威力は大きい。

ショッピングでも、消費者の選択肢に、新たに代替案（つまり、おとり）を追加することによって、もともとほかにある選択肢のうち、片方の品物の属性の魅力度を増大させ、そのシェアを高める手法はよく用いられている。

たとえば、ある商品を買わせるために、あえて代替商品を隣に並べるというテクニック。

5万円するハンドバッグと、その横に、明らかにその半分くらいの値打ちしか感じられないにもかかわらず、4万円と表示されたハンドバッグをディスプレイする。すると、5万円の商品がとても割安に感じられるものだ。

人間にはもともと、ものとものとを比較することで、価値を判断しようとする習性がある。よほど詳しいジャンルのものを見るとき以外は、相対的に比べることでしか、ものの価値判断はできない。

代替案をもってくることで相手の判断を操作するのは、そこをうまくついたテクニックと言えるだろう。

代替案効果…▼比べる人を代えるだけで、人の評価は簡単に上がったり下がったりする。

心理術⑱ ロミオとジュリエット効果

同じ宗教の信者同士で結婚したカップルと、異なる宗教の信者同士が結婚したカップルとで「愛情得点」を比べてみたところ、異教徒同士のカップルの得点のほうが、だんぜん高かったという。

異教徒同士の結婚となると、多くの場合、周囲からの反対の声は猛烈なものだろう。しかし、「無理やり仲を引き裂かれる」という状況は、二人の愛情をますます高めるものだ。

この、いわゆる「ロミオとジュリエット効果」は、その場限りのパッションではなく、けっこう持続期間が長いことが知られている。

つまり、若い頃に障害を乗り越えて結びついたカップルは、老年期になってもやはり愛情得点が高いケースが多い。また、周囲の反対を押し切って購入した品物は、何年経っても後悔することなく、「やっぱり買ってよかった」と、心で思い続けるのだ。

人間は、基本的に「自分のことは自分で決めたい」という欲求（自己効力欲求）を、誰しも強くもっている。この欲求は、学校等での集団活動を通してしだいに育《はぐく》まれていくものであるが、特に思春期以降、男女とも急速に発達してくるものだ。

したがって、周囲からの猛反対といった、自己効力欲求を強く阻害されるようなことが起きると、それを跳ね返そうとする反発エネルギーが動き始める。

すると、「相手のことを本当に愛しているか」「この商品に本当に価値があるか」といった内容の吟味は省略されがちになり、とにかく意志を通すということ自体に拘泥《こうでい》してしまうものだ。

しかし、ロミオとジュリエット効果は、障害があまり多すぎても成立しない。基本的には何もかもうまくいっているのに、ひとつだけどうしてもままならないことがある、という設定がもっとも感情を煽るのだ。

これは、「ポジ→ポジ→ネガ→ポジ」というバランスの両面提示が、最も説得力をもつのと同じカラクリである。いくら逆境を好む性格であったとしても、あまりにネガティブな状況にばかり囲まれていると、疲労感のほうが先立ってしまう。

結婚詐欺などの行動パターンを見てみると、やはり基本的にはターゲットに心底尽くし、優しい言葉をかけ続け、幸せな気持ちを与え続けている。まったく疲れさせることはない。

しかし、たった一点だけ、

「実はいま、仕事がうまくいかずに借金が……」

といったネガティブな情報を、ある日突然、タイミングよく切り出す。たったひとつの障害があるばかりに……、という悔しさを強調することで、相手の気持ちと行動を、翻弄することができるのだ。

ロミオとジュリエット効果…▼逆境を一緒に克服しようという相手には、つい引かれてしまう。

4 「この人についていこう！」
～マインド・コントロールが起きやすくなる六つの罠

心理術⑲ 条件づけ

「条件づけ（conditioning）」とは、強化によって、相手の行動をコントロールすることである。「強化（reinforcement）」とは、簡単に言ってしまえば、アメとムチのことだ。

相手がよいことをしたらアメ（正の強化）、悪いことをしたらムチ（負の強化）……、これが条件づけの基本というのが定説だろう。しかし実際は、さほど単純なものではない。

アメをあげるタイミングや、ムチを与える量を少し間違えると、かえってうまくいかなくなってしまうのだ。人をコントロールするのがうまい人は、その「サジ加減」

を熟知している人であろう。

マウスを使った簡単な実験を紹介しよう。T字形の迷路に入れられたマウスを、なんとしてでも、「いつでもT字の右方向に進むマウス」にしつけたい。あなたなら、この迷路にどんなカラクリを仕掛けるだろうか。

パッと思いつくことと言えば、まず右側にクッキーを置き、左には電気ショックを用意しておく、といった感じだろうか。実際にそのとおりに試した学者がいる。理論的にはアメとムチの効果百パーセント、のはずである。

しかし、理屈上はそうでも、実際に動物（もちろん人間も含めて）を対象に試してみると、これがまったくうまくいかない。

右に行ってクッキーをかじっている間はいいのだが、たまたま間違えて左にすすんでしまい、電気でビリッとやられてしまうと、もう完全にモチベーションを喪失してしまうのだ。突然降ってくるムチは、試行錯誤する気力を奪い取る。

したがって、10分後には、もう右にも左にもすすまなくなる。その場にじっとうずくまったままの、無気力なマウスが完成するのみだ。しかも解剖してみたら、実験に参加したすべてのマウスがストレス性胃《い》潰瘍《かいよう》になっていたという。

よく、世間では「アメとムチ」のように、ワンセットとして使われているが、ムチのほうは、往々にして学習にとっては逆効果であり、メンタル的にも害を及ぼす。

したがって実際としては、

「右にクッキー、左には何も用意しない」

これが、条件づけの正攻法となるだろう。

日常的にも、人をコントロールするのがうまい人は、相手が望ましい行為をしてくれたら、それを大げさなくらいに褒めちぎり、喜んで見せる。しかし、イヤなことをされた場合は、それを叱責するでも非難するでもなく、単にネグレクトする。

クレームを口にしている間は、相手の行動は変えられない。むしろ「かまってくれた」行為が、アメになる可能性すらあるからだ。


条件づけ…▼成功すれば褒められ、失敗すれば無視されるという状況で、人はコントロールされやすい。

心理術⑳ 間欠強化

アメには、2種類の違った「与え方」がある。その2種類の使い分けによって、人間の行動はわりと簡単にコントロールされる。

まずひとつめの与え方は、「連続強化」という方法。先ほどのマウスのT字形迷路の例で言えば、正しい方向に向かったときに「必ず」クッキーがもらえる、という強化方法である。

そして二つめの与え方は、「間欠強化」と呼ばれる方法。これは、行動に対して、強化を与える場合と、与えない場合を設ける方法である。つまり、正しい方向に行けば基本的にクッキーがもらえるのだが、5回に1回くらいはもらえない。頑張っても、必ずしも報酬が与えられるわけではない、という状況だ。

相手をコントロールするには、基本的には「連続強化」が有効だ。しかし厄介なことに、それだけでは、だんだんクッキーがもらえて「あたりまえ」という心理になってくる。連続強化だけでは、飽きてくるのだ。

相手を飽きさせず、長期にわたって操ることに長けている人は、2種類の強化法の「組み合わせ」を行っている。最初の頃は、連続強化によって、「頑張れば報われる」という信頼関係を強固なものとするのだが、それがある程度完成したら、今度は間欠強化に切り替え、相手に意外性を与えるのだ。

たとえば、ある新興宗教のイニシエーションでは、最初の頃は、教祖にお布施をすれば必ず褒め称えられ、ありがたい経を読んでもらえる。つまり、連続強化の状態である。

しかし、それが習慣化した頃を見計らって、ときどき教祖から気まぐれに無視をされたり、苦言や暴言を吐かれたりするようになる。

また、お布施をすれば褒められはするが、必ずしも経は読んでもらえなくなったりする。それは教祖の機嫌しだい、というような曖昧な状況に置かれるのだ。

つまり、連続強化から間欠強化にいつの間にか切り替わる、巧妙なプログラムに巻き込まれる。こうなると、もう飽きるどころではない。逆に、もっとお布施をしなければ、熱心に通わなければ……、と血道を上げてしまうのだ。

このトリックは日常にも潜んでいる。たとえばパチンコなどのゲーム。ビギナーズラックなどで大勝利も経験するが、運の要素が強いため、続けているうちに負ける機会も増えてくる。突然降ってくるフィーバーも、いつも大当たりになるとは限らない。大きな間欠強化となるだろう。

インベーダーゲームやルービックキューブのような、「能力」だけのものが一過性のブームに終わったのに対して、パチンコは時代を超えてブームが続いている。間欠強化のもつ威力の強さがうかがえる。

間欠強化…▼いつも褒めてくれた人が、突然、たまにしか褒めなくなると、もっとその人のために尽くしたくなる。

心理術㉑ ダブルバインド

携帯メールを盗み見されて、浮気をしているのがバレたとする。そのとき、

A：「このメール、なに!?」と、怒って責める恋人。

B：「このメール、なに？」と、優しく微笑む恋人。

AとB、いったいどっちがコワいだろうか？　少なくとも、こちらがリアクションしたり言い訳したりしにくくなるのは、間違いなくBタイプの相手だろう。

このような状態を、心理学では「ダブルバインド」と呼んでいる。つまり、心理的二重拘束である。矛盾する二つの命令によって、身動きが取れなくなる状態だ。

Bの行為を分析すると、

「メールについてきちんと釈明するべきだ、私は怒っている」

という言語的表現と、

「言い訳はしなくていい、私は怒ってはいない」

という笑顔の非言語的表現。この矛盾した二つの情報が、同時に発信されているこ

とになる。

ポイントは、言っている「言葉」と、そのときの「態度」に大きなずれがあること。つまり、二つの命令の論理が異なるということだ。

これをやられると、人間は一瞬頭がフリーズしてしまい、思考停止状態になる。そして、気の利いた言い逃れができなくなる。

むしろAのように、普通に責められたほうが、「勝手に人の携帯見るなよ」とこちらも怒ったり、「メールくらいで騒ぐなよ」と開き直ったり……、というような「逃げ道」ができて、かえって楽なものだ。

さて、「二重拘束」というとどうしてもマイナスのイメージがあるが、これをプラスに生かせば、ダブルバインドによって相手の興味を引いたり、魅力を感じさせたりすることもできる。

たとえば、マンションや宝石など、高価なものを売る場合、

「これは本当におすすめです。いまのうちに予約してください！」

と、威勢よく声を張って言われると、相手は瞬時に「いやいまはまだちょっと」とはっきり断る余裕ができる。

しかし、むしろ売る気があまりないような、静かな声やちょっととっつきにくい表

情ですすめられると、かえって心引かれるものだ。

「いまのうちに予約しないと、とんでもなく損をするんじゃないか」という、なんの根拠もない焦燥感にとらわれてしまう。営業のプロは、そうやっていったん客の心をフリーズさせ、その隙を狙って商品に関する好条件を矢継ぎ早にたたみかけるのだ。

ダブルバインド…▼言っていることと、やっていることが違う人に、興味津々。

心理術㉒ ロー・ボール・テクニック

人はひとたび決定を下すと、それを貫こうとする心理をもっている。もう始めてしまったこと、決めてしまったことを、いまさら「やめた」とは言いたくないものだ。これは「乗りかかった船の心理」と呼ばれている。

この性質を逆手にとって、客の消費行動を促すテクニックがある。たとえばパソコンやテレビなど、メーカーからの多種多様な品ぞろえがある場合に、使われがちな販売法である。

まず、パンフレットなどを見せて、いろいろな商品の値段や性能などをさんざん比

べさせる。そして、ようやくある商品を購入することを決断して、その手続きをすすめているときに、

「すいません……、その商品、メーカーの都合で入荷できないらしいんです。もうひとつ上のランクの商品でしたら、すぐ用意できますけど……」

などと声をかけるのだ。

そうなるともちろん頭にはくるが、多くの人は、そこで購入を完全にストップすることはない。心の中で「仕方ない」と踏ん切りをつけ、ほかのメーカーの商品を選びなおすか、すすめられるがままに、ワンランク上の商品を購入してしまったりする。

これは、「ロー・ボール・テクニック」と呼ばれる商法である。はじめにパンフレットなどで商品の魅力ばかりを強調し、相手自身に購買を決断させ（つまり「打ちやすい球」を投げて、それに思わず手を出させ）、そのあとになって、不利な条件を提示する手法である。

乗りかかった船は降りにくい、出してしまった手は引っ込めにくい、という基本心理をついている。

ほかにも、購入の意思を決めたあとになって、

「実は、この付属品も買わなければなりません」

と、ネガティブな説明をつけ足すのもこれに当たる。そうされると落胆はするものの、だからといって、「じゃあもういりません」と全却下するのも口惜《くや》しく思い、結局は買ってしまう。

似たような営業法は、訪問販売やキャッチセールスでもなされている。セールスマンのあいだで、「玄関に上がることができれば、買わせたのも同然」というのが合い言葉になっていたところから、俗に「フット・イン・ザ・ドア・テクニック」とも呼ばれている。彼らは、

「パンフレットだけでも受け取ってください」

「30秒だけ話を聞いてください」

といった、誰もが思わず手を差し伸べるような、小さなボールを投げてくる。小さな要求を承諾したあとは、次の大きな要求が断りづらくなる「乗りかかった船の心理」を、経験的に知っているのだろう。

ロー・ボール・テクニック…▼「乗りかかった船」から人は降りにくい。

心理術㉓ コントロール・イリュージョン

今回の宝くじは、なんとしてでも1億円以上の当選を狙いたい！　そんな強い野望があるとき、人はどちらの行動に出るだろうか。

A：小売店を自分で決めて、自分で並んで買ってくる。
B：友人に頼んで、ついでに買ってきてもらう。

多くの人が、Aを選択するのではないだろうか。こんな大仕事を人まかせにはできない、という気持ちがわくものだ。

ある実験では、このA・B二つの状況を仮想的に作り出し、どのくらい、「今回の宝くじは当たっていそう！」という被験者の期待度が高まるかを測定している。その結果が、下のグラフである。

明らかに、自分で買ったほうが、そのくじは当たりそうだという期待度が高くなることがわかる。しかし冷静

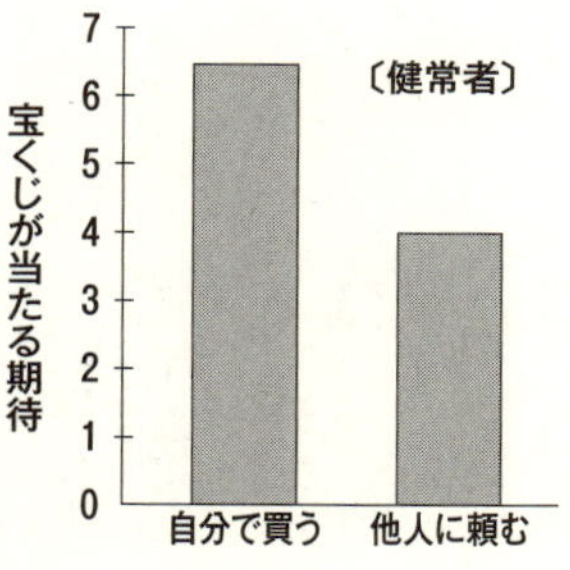

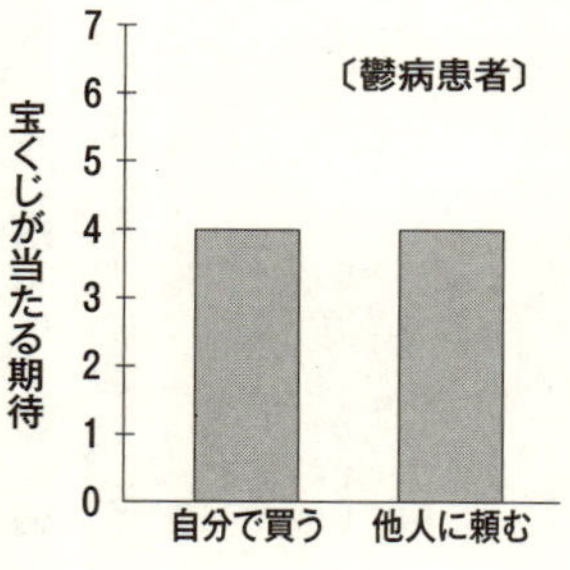

に考えてみると、「くじ」というものの性質上、本当は誰が買ってこようと、当たるも当たらないも、結局はチャンスレベルなのである。

つまり私たちはみな、「自分で選んだものはよいもの。人が選んだものはアテにならない」という幻想（イリュージョン）的なカン違いを、心の中に抱いているということになる。

ちなみにこれとまったく同様の実験を、鬱病患者を対象に試みたものがある。すると結果は、前者とはまったく異なっていたのだ。

グラフを見て一目瞭然のように、鬱病患者には、普通の人が抱いているイリュージョンがまったくない。「誰が買っても一緒ですよね」という、きわめて確率論的に正しい推論ができているのだ。

これは前章で紹介した「抑鬱パラドックス」とも通じる。正しくものを見ることができるということは、心的にはツライこと。適度なイリュージョンこそが、心の健康を保ってくれているのだ。

さて、この性質をうまく使ったテクニックとして、たとえば店頭で、次のようなディスプレイ法を見かける。

・何色ものポロシャツを、ずらっとディスプレイ。

・何色もの口紅を、横一列にぎっしりディスプレイ。

壮観に何色も並べられると、どれかひとつ自分に似合いそうなものを、いつの間にか「私だったらこれかしら」などと強制選択してしまう。

店員から「これがおすすめです」などとあてがわれるよりも、自分で選んだもののほうが、心理的には数倍価値があるのだ。だからこそ、ぜひ欲しいという気持ちも働きやすくなるのだ。

コントロール・イリュージョン…▼自分で選ばされたものには、期待を抱いて投資しやすい。

心理術㉔ 気分一致効果

前章でも紹介したように、思い出すときのテンションの高さと、思い出す内容のテンションの高さが一致することを、「気分一致効果」と言う。一般的に、人は暗い気持ちのときはつい、イヤなことを、明るい気持ちのときは自然に楽しいことを考えがちになるものだ。

この効果を巧みに利用することで、人の行動をコントロールすることができる。

心理学の実験では、被験者の気分をコントロールするために、よくクラシック音楽が使われる。中でもサティのピアノ曲は、なぜか多くの研究者が好んで取り上げている。実験室で彼の悲しげな曲を聴かせ続けることで、被験者に暗い気持ちを喚起し、反対に、軽やかな曲を聴かせることで、幸せな気分を喚起するのだ。

その結果、

・音楽によって人の「気分」は、かなり短時間で誘導される。

・誘導された気分によって、その人の「行動」も大きく変容する。

ということが明らかになっている。

また、音楽のほかにも、「照明の明るさ」をさまざまに変えることで、被験者の気分を誘導している実験も多い。

人間の気分に直接影響を与える大きな要因……、それは、音楽と照明、この二つであると考えられる。ということは、この二つを巧みに組み合わせることで、相手を思いどおりにコントロールすることも可能になるのだ。具体的には、次のような効果が指摘されている。

①明るい照明＋静かな音楽＝防犯効果

明々《あかあか》としたコンビニで、ポップスではなく静かなクラシック音楽を流すように切り替えたところ、若者が店の前で座り込んでタムロすることが少なくなったという現象が報告されている。また、これによって万引き件数も激減するという。

②明るい照明＋にぎやかな音楽＝競争心効果

パチンコ店やバーゲン会場の雰囲気が、これに当てはまる。明るくにぎやかだと、「周りの人に負けたくない」という高揚感が刺激され、行動をストップさせることが難しくなる。

③暗い照明＋静かな音楽＝判断力アップ効果

前章でも述べたようにローテンションな気分は、厳密で客観的な記憶を引き出す。よって考え事をするときに、クリティカルな判断ができるようになる。

④暗い照明＋にぎやかな音楽＝見誤らせ効果

極端に照明を落としたクラブなどがこれに当てはまる。一般的にはあまり経験することのない状況であるため、ふだんとは違う感覚を生み出しやすい。深く思考することが難しくなる。

ザワザワとした暗めのオフィスや店に客を案内し、契約を促したり高価な品物を売ろうとしたりするのは詐欺まがいのセールスマンの常套手段だ。

気分一致効果…▼暗くてにぎやかな場所では、思考力が低下する。

5 「この人は只者じゃない！」
～根拠なき信用・服従が起きやすくなる六つの罠

心理術㉕ フォアラー効果

よく雑誌に掲載されている「性格診断テスト」や、「性格占い」の分析結果。その文言をざっと拾い上げてみると、だいたい次のうちのどれかが書かれている。

・あなたは他人から好かれたい、賞賛してほしいと思っていますが、それにもかかわらず自己を批判する傾向にあります。
・あなたは悩みをもっているときでも、それをふだんは我慢するところがあります。
・あなたは外見的には規律正しく自制的ですが、内心ではくよくよしたり、不安になる傾向があります。
・あなたは外向的・社交的で愛想がよいときもありますが、その一方で内向的で用心深く遠慮がちなときもあります。
・あなたはロマンティストで、やや非現実的な願望を心に抱いています。
心理学者フォアは、大学の学生たちに適当な性格テストを実施し、そのテストに基づく「あなたの診断結果」と称する文を、全員にフィードバックするという、イタズラのような実験を行った。

そして、学生たちに、

「この分析がどれだけ自分に当てはまっているか？」

を、０（まったく異なる）から５（非常に正確）の段階でそれぞれに評価させた。その結果、平均点はなんと４・２６というかなり高いものであったという。

一般的に、人は断定形の言葉を信じやすい。そして、特に「あなたには、内向性と外向性の両方があります」というような、ディレンマや二面性を指摘されれば、たいてい誰もが、完璧に言い当てられたような錯覚を感じるものである。

心理学では、この現象を、実験者の名にちなんで「フォアラー効果」と呼んでいる。ほかにも、巧みな心理トリックで有名な興行師バーナムの名を取って、「バーナム効果」と呼ばれることもある。

この効果のコワいところは、こういう言葉で心を一度つかまれてしまったら、その後は、その相手の言動を非常に信じやすくなってしまうところである。

まず相手の性格診断のようなことをしたあとに、高価なものを売ったり、勧誘したりする事例は少なくない。

初対面で、「あなたは○○なタイプです」などと口にする人は、ただ単に誰にでも当てはまることを言っている可能性が高い。だから当然、言い当てる確率も高くなる。

その裏には何か狙いが隠されていることがあることを、熟知しておくべきだ。

フォアラー効果…▼二面性を指摘されると、見抜かれた、理解されたと思い込みやすい。

心理術㉖ 認定評価効果

相手の行動をコントロールするのに長けている人は、コメント上手であることが多い。つまり、相手を感動させるような評価方法を熟知している。

一般的に、男性は相対評価されることを、女性は絶対評価されることを好むと言われている。つまり、男性は、

「〇〇君よりも、あなたのほうがカッコいい」

と、他人と比べて評価されることをうれしく思うが、女性は、

「キミは会うたびにきれいになる」

と、個人の中での変化を指摘されることを、うれしく思う。

どちらかというと、人と比べる相対評価は安易にできるが、絶対評価をするほうが難しいものだ。したがって、真にコメント上手な人とは、絶対評価の方法を心得ているると言えるだろう。

絶対評価とは、大きく「到達度評価」と「認定評価」の二つに分けられる。

到達度評価のほうは、するほうにとってもされるほうにとっても、とてもわかりやすい。「3kgスリムになる」「料理レシピを10品覚える」といった、明示的なゴールが共有されたうえで、行われるコメントだからだ。

だから、「痩せてきたね」「料理上手になったね」と、目標に照らしたコメントだけが、行われ続けることになる。この方法は、どこに向かって頑張ればいいのかが明確なため、相手の気持ちを安定させる。

しかし、ときとして、それだけでは刺激に欠ける。より強いインパクトを残し、相手の気持ちを引きつける人は、もうひとつの評価、つまり「認定評価」のほうもうま

く取り入れているのだ。

認定評価とは、相手に公開していない基準、つまり、こちらの頭の中にある満足度というものに合わせて、相手を評価することだ。

だから、唐突に「このあいだより痩せてきれいになった」と褒めることもあれば、「もう痩せなくてもいい」と咎めることもある。本人の描く理想に照らして判断するわけだから、一貫性がゆるい。

また、どこを重んじるかも絞らないので、「女らしさ」を強く評価することもあれば、「知性」を評価することもある。つまり、評価観点として、いろいろな引き出しをもっているのだ。

経験上の話だが、大学の授業では、試験のような相対評価や到達度評価だけではなく、「平常点」といった、学生にとっては「なんだかゴールがよく見えない」認定評価法を交ぜたほうが、熱意が維持されやすい。

基準がはっきりしない認定評価は、相手を一喜一憂させ、評価者のちょっとしたコメントを妄信させる不思議な威力をもっている。

認定評価効果…▼評価基準が気まぐれな相手には、引かれやすい。

心理術㉗ プライミング効果

初対面のとき、そこで初めて顔を合わせて自己紹介をするというケースもあるが、あらかじめ、

「今日見える○○さんは、こんな感じの人」

と、なんらかの噂が先立って耳に入ることも多い。特に、転校生とか新入社員など、まだ顔が見えない人が入ってくるとき、こういう「あらかじめの噂」は、必ず先行してついてくるものだ。

私たちは何気なくそんな噂話をするものだが、そのときの予告として、どのような表現がされていたか……、これが、相手の印象形成に、決定的に大きな影響をもたらしている。

一般に、先行刺激が後続の刺激処理を促進することを、「プライミング効果」と言う。噂を耳にした人自身はとっくに忘れていたとしても、潜在意識に叩き込まれた先行情報によって、相手に抱く印象が自動的に決まってくる。

これを示す有名な実験がある。AとBという二人の人物に関して、

「Aさんは頼もしくて、素直で、賢く、粘り強く、計算高い人です」

「Bさんは計算高くて、粘り強く、賢く、素直で、頼もしい人です」

このような予告をする。そして、AさんとBさんに実際に会ったあと、どのような印象を抱くか調べてみると、圧倒的にAさんの人気のほうが高かったというものだ。

お気づきになっていると思うが、AとBは同じ内容の紹介である。ただ、並べる形容詞の「順番」が、Aさんは望ましいものからそうでもないものへ、Bさんはその逆に紹介されているのだ。

紹介をするときの、最初の形容詞はとても重要だ。Bさんの場合は、いきなり「計算高い」から始まってしまったため、そのあとの「粘り強い」「頼もしい」というような、本来ポジティブな言葉でも、なんとなく強引で高慢な負のイメージを連想させてしまったのだろう。

いったん印象が作られると、あとから見聞きするその人の行動や特性も、最初に抱いた印象に適合するように解釈されるようになる。しかも、そのときのインパクトが強ければ強いほど、時間の経過は、残念ながらほとんど関係なくなってしまう。

だから、最初の形容詞は本当に重要である。特に、「温かい」という性格特性は「中心的特性」と呼ばれていて、そのインパクトは長きにわたって持続することがわかっている。

だから、「ボランティアが趣味」とか「何よりも子どもが好き」などといった、いかにも温かい人柄を初対面でアピールすると、その後、特に優れた業績を上げなくても、なんとなく尊敬され、信頼され続けるものである。

プライミング効果…▼第一印象や先行情報の「温かさ」に、人は騙される。

心理術㉘ ターゲッティング

「みなさん、力いっぱい拍手を！」

と、100人近くの集団に呼びかけたとき、実際にはどのくらい大きな拍手が起きるものなのか、測定した実験がある。

すると、全体としてはたしかに大きな拍手が鳴り響いてはいるものの、一人ひとりが、本当にマックスの力を出しきっているわけではなかった。しかし、

「2階席の方、力いっぱい拍手を！」

と、ターゲットを狭めてお願いすると、一人ひとりが3倍もの力を込めて拍手をすることが示されている。

これは前章でも述べた「集団的手抜き」という現象と関係する。人はただ集団にな

るだけで、自然と「まあ、いいか」という適当な判断や行動に出やすい。この現象をうまく打破するテクニックが、「ターゲッティング」と呼ばれるものである。

これは、たとえば生命保険のコマーシャルなどで見かける。保険は基本的に誰にでも関係のあることだが、だからといって、

「みなさん、ぜひこの機会に加入をおすすめします」

と漠然と呼びかけたとしたら、あまり反応されないだろう。「みなさん」という単語は、集団的手抜きを助長する代表的なものなので、そう呼ばれても、まるでひとごとのようにしか感じられず、一人ひとりの心は動かないものだ。

しかし、最近はターゲッティングを利用することによって、加入者数を急上昇させている会社が多い。

「30代の女性のための保険」

「60歳から入れる保険」

など、あえて客層を絞ることで多くの人に、「これは自分のための保険だ」と思わせることに成功しているのだろう。

私の経験だと、授業で学生に「みなさん、どんどん自由に意見を出して」と呼びかけると、逆に静まってしまう。それよりも、たとえば、「女子の意見が聞きたいで

す。どうですか？」などと、ターゲットを半分にするだけで、急に女子が積極的にしゃべり始めてくれるものだ。

また、最近よく売れている書籍の「題名」にも、ターゲッティングがうまく生かされている。

「40歳からの○○術」

「大学生のうちにやっておきたい三つの○○」

など、あえて狭い範囲の読者にうまくターゲッティングしている。

本当はあまり価値のないものでも、対象を絞られることで、人は知らず知らずのうちに財布の紐をゆるめてしまうものだ。

ターゲッティング…▼ある狭い範囲に限定されたとき、そこに自分が入っていると、それは自分のためのものだと思ってしまう。

心理術㉙ インプリンティング

鳥のヒナなどが最初に見た動くものを親だと思い込んでしまう現象を、生物学で「インプリンティング（刷り込み）」と言う。動くものがたとえオモチャのロボットであったとしても、一度刷り込まれれば、ずっと親と信じてついて歩く。

これとよく似たことは、私たち人間が初めて目にするものや、初めて経験することにおいても、しばしば発生している。

身近なところでは、エンターテインメントの世界が例としてあげられる。

ある小説が爆発的に売れたとたん、それがドラマ化され、映画化され……というように、複数の媒体によってどんどん表現方法が広がっていくことがある。するとと、媒体が新しくなっていくたびに、人々の評価は、だんだん厳しいものになっていくのだ。

たとえば、小説の時点でその作品をすでに読んだ人は、「ドラマになるとクオリティが下がった」などと酷評することが多い。映画化・舞台化など媒体が変わっていくたびに、「やっぱり小説じゃないと、風情が伝わってこない」と、人々の目は、どんどん批判的になっていく。この現象は、インプリンティングが影響している。最初に目にした形、つまり「小説」が最もシックリくるし、最も優れているように感じて、それが頭から離れないのだ。

だから、もし、最初に映画という形で視聴した人であれば、「小説で読むとなんだか迫力がない」ということになるだろう。インプリンティング効果も手伝い、漫画や小説などの「復刻版」は、ますます高値につり上がっていく。最初に目にしたものは、誰にとってもいちばん魅力的に感じられるのだ。

インプリンティングは、初対面での「言葉かけ」によっても、わりと簡単に引き起こされることがわかっている。最初の言葉は、相手の行動に長く影響を及ぼし続ける。

たとえば、初めて来店した客に、どうしても売れ残った白い服を売りたいとする。そういう場合、

「私は白がおすすめです」

などと、自分の目線で言うと反発を買う可能性もあるが、

「お客さんの肌色には白が合いますね」

と、始めから「事実」として告げられると、いろいろな服を見て迷ったとしても、結局はその白い服に落ち着いてしまう確率は高まる。

視覚や聴覚に何気なくインプリントされることで、いつのまにか行動が規定されることは少なくない。

インプリンティング…▼始めから「事実」として断定されると、人はそれを信

じ込みやすい。

心理術㉚ 自己知覚理論

「人間は、行動という名のハシゴを上ることで、初めて向こう岸にいる自己を知ることができる」

これは、ベムという心理学者の有名な言葉である。

他人のことはよくわかっても、「自分とはどんな人間なのか？」ということになると、頭で考えるだけでは難しいものだ。だから、人は自己を知ろうとするとき、自分の態度や行動といった、はっきりと目に見えるものを、大きな手がかりにしている。

たとえば、恋人に自分から別れを告げたにもかかわらず、しばらく経って、急に涙が込み上げてきたとする。そういう反応を自分で認識して初めて、

「自分は、実は相手のことをこんなに思っていたのか」

と、新しい本当の自己を知ることになる。

自己に潜む本音を知ろうとするとき、頭だけで考えてみても、それはおぼろげにしか見えない。実際の態度や行動が先にあって、そこで初めて、深い意味での自己に気づくのだ。

この性質を利用した、「1ドル実験」と呼ばれる興味深い実験がある。それは、被験者に全然おもしろくない単純作業をさせたあとで、

「このバイト、すごくおもしろかった。やりがいがあるよ」

と、ウソの感想を告げさせ、ほかの人も勧誘させるという実験である。

その際、A群には謝礼として20ドルを握らせている。しかしB群には、たった1ドルしか渡さない。さて、A群とB群の心の中に、どんな違いが生まれるだろうか。

直感的には、「20ドルももらえば、いくらヤラセとはいえ、けっこう意欲的に人を勧誘するだろう。でも1ドルじゃあちょっとヤル気も起きないだろうな」と思うことだろう。

しかし結果は反対で、1ドルグループのほうが、ヤラセどころか、さっきまでやっていた単純作業が、「本当におもしろかった！」と、真剣に思うようになり、ほかの人を勧誘する率も高かったのだ。

「たった1ドルでもやったということは、自分は単純作業が好きなんだろう」

という合理化が成立したのである。「1ドルで働く」という行動のハシゴを上らされることで、「単純作業が好き」という自己を、強引に発見させられたケースと言えるだろう。

このからくりは、実はホステスのような、他人に「貢がせる」プロにもよく応用されている。何かを贈られたら、「今度はもっと○○が欲しい」と、新たにハッパをかけるのだ。

お客さんは、貢ぐという行動を取ることで、かえって、「自分はよほどこの女性が好きなんだなあ」という自己認識をもつことになり、結果として、さらに高額なものを貢いでしまうことになるのだ。

自己知覚理論…▼「あんな人にこんなことをしてしまう自分」に、「あんな人が好きな自分」を確認して服従し続ける。

第3章

さらば間違いだらけの「人選び」

——できる人を見抜く心理学

さて、それでは具体的にどのような点を観察すれば、相手が優秀な人間か、それとも見かけ倒しの人間なのかが判断できるのだろうか。

その観察眼をたしかなものにするためには、まずは第1章で述べたような「自分自身の認知法の客観性」を整える工夫をするとともに、第2章で紹介したような「騙されやすい状況」をできるだけ回避することが、当然必要となる。

本章では、それにプラスして、たとえば「5億円稼げる人・500万円どまりの人」といったような、両極端なタイプの人間のもつ特徴を取り上げ、認知心理学・行動心理学の知見を総動員して解説を試みることとする。

ダメな人間はふだんからどのような発言をしがちであり、どのような行動を取る傾向にあるのか。反対に、優秀な人間はいざというときにどのような態度を見せ、どのような課題解決ができるものなのか。

このような、両者を比較するための大まかな「指標」をもっていることは、人を見抜く際において強力なツールとなるだろう。本章では、ビジネスシーン、プライベートの両面において、特に最低限見抜くことが必須と思われる20種類の人々を取り上げ、彼らの行動パターンや認識スタイルについて、つまびらかに記述することを狙いとしている。

心理学的に、「使えるヤツ」や「信頼できる人」は、いったいどこを見ればわかるのか。その疑問に答えるべく、筆者のカウンセリング等の経験に加えて、できる限り、学問的、実験的にたしかに実証されていることに焦点を絞り、具体例をあげながらまとめるよう工夫を行った。

もしかしたら、読者によっては、「5億円稼げる人・500万円どまりの人」に代表されるような10のキャッチフレーズは、一見極端な詭弁的比較に見えるかもしれない。しかし私としては、あながち根拠のない極論を書いているつもりはないことを、あらかじめお断りしておきたい。むしろ、そのようなエンターテインメント的な脚色は、本書全体を通して、極力排除しているつもりなのである。

かつてどのような専門的書物でも明言されることが避けられてきたような、挑戦的で革新的な内容ではあるが、しかし確実に「真実」だと思われることのみを、述べているつもりである。

人間の「ケチ脳」の性質を知り、騙されやすい状況要因について押さえ、それに加えて本章で「見抜くポイント」を頭の隅に叩き込んでいただければ、あなたの眼力はすぐにでも圧倒的に向上するだろう。これは自信をもって保証したいと思っている。

1 頭のいい人・悪い人

たとえば政治に詳しい人のことを指して、「彼は政治に明るい」という表現がよく使われる。

頭のいい人とは、まさにこの表現が示すように、脳の中がすっきり整理整頓されており、それがゆえに、必要な情報がすぐにライトアップされ、いつでも取り出せる状態になっている人のことを言う。

ところで、人間の「記憶」には、短期記憶と長期記憶の2種類がある。短期記憶のほうは、たとえばホテルの部屋番号を滞在期間の間だけ覚えていたり、メモするものがないときに電話番号を一時的に丸暗記したりという、「ちょっと頭の片隅に置いておく」ための機能である。

実は、この短期記憶のメモリースパンには、子どもも大人もさほど差がないことがわかっている。ちょっとの間の記憶力には、さしたる個人差、年齢差がないのだ。

この現象に関して、記憶心理学の有名なフレーズに、「マジカルナンバー７±２」というものがある。これは、どこの国のどんな教育水準の人であっても、短期記憶内に覚えておける量は、だいたい７±２個の範囲におさまるという現象をさしている。つまり、短期記憶は誰しも似たような構造になっており、ここで「頭の良し悪し」は測り得ないとされている。

しかし長期記憶になると、どの程度すっきり明るく整理されているかということに、大きな個人差が表れてくる。

長期記憶は、別名「記憶の図書館」と呼ばれる機能であり、情報の整理能力の個人差が最も表れやすい。頭のいい人は、何よりも記憶図書館の「本棚の数」が少ないことがわかっている。

本棚が数百も羅列されている図書館では、どの本棚から検索すればいいのかわからず、探したい情報を得るのに時間がかかり、ウロウロしなくてはならない。

しかし、頭のいい人の長期記憶は、だいたい7から10くらいの数しか本棚をもたず、そこにすべての情報が、きちんとカテゴライズされている。

いかに豊富な知識をもっていたとしても、もしそれが無茶苦茶に放りこまれていたとしたら、必要に応じて引き出すことができず、あまり実用価値がない。使えない知識ということになる。

つまり、本当に頭のいい人とは、単なる「物知り」なのではなく、情報の整理整頓がきわめてうまい人と言えるだろう。同じような情報をてんでんバラバラに布置するのではなく、類似したものを固めてカテゴライズする、この技術を心理学では「チャンキング」と呼ぶ。

将棋やチェスの名人、物理学者、数学者といった頭脳労働のプロと呼ばれる人たちの問題解決のメカニズムと、素人《しろうと》の問題解決のメカニズムを比較した研究がある。やはり、プロとアマとで決定的に異なるのはチャンキングのされかたであると言われている。

たとえば、物理の問題で「滑車」の問題を解くとき、普通の学生は、まずじっくり問題を読み、どのような滑車の大きさか、どのくらいの水圧がかかっているのか、といった個々の要素に注意を払い、一から考えようとする。

しかし、物理学者は、問題をサッと見るなり、いきなり「これはあのパターンの問題とだいたい同型」というカテゴライズを最初に行うことで、あっという間に正解を導くのだ。

これは物理に限らず、ほかのさまざまなことでも同様に言える。頭のいい人、すぐに情報を引き出せる人は、一から考えずに、過去の類似問題との同型性を見出す、パターン認識が優れているのだ。

しかし、パターン認識があまりに優秀でも、それが度をすぎると、第1章で述べたように、トップダウン処理（推論）が行きすぎ、「ステレオタイプ判断」というエラーを起こしてしまう危険性も高まる。

そこで関わってくるのが、自分に間違いがあると思ったときに、それをいかに率直に認め、情報を新たに「更新」することができるかという、パーソナリティの柔軟性の問題である。

情報を柔軟に更新する力を測る実験として、次のようなユニークなものがある。それは、新車を買ったばかりの人が、その直後に、ほかの車の宣伝広告を読むかどうかを観察したものである。

普通、すでに新車を買ってしまったのであれば、それが最高のセレクションだったと思いたい。だから、もうほかのカタログはいまさら見たくないものである。実際に、ほとんどの被験者が、自分の車以外の情報には、しばらく目をつぶりたがる傾向にあった。

しかし、実業家や学問的成功者に多く見られた行為は、むしろ購入後になって宣伝広告にあらためて目を通し、「しまった、この車のほうがよかった」と苦笑し、次に生かしたいという感想を述べたという。

また、こんな実験もある。「死刑制度反対」という信念をもっている人に、「死刑制度は犯罪抑止力が高く効果的」という肯定論文と、「死刑制度は人道的立場から許されるものではない」という否定論文の両方を、読ませる実験である。

その結果、大多数の人に見られたのは、死刑肯定の論文をとことん非難し、論文を読む前以上に、死刑反対の意をより強固なものにしたことだった。持論を転換することは、なかなかできないものなのだ。

しかし、いわゆる成功者の多くは、論文を読んだあとに、「たしかに、死刑肯定にも一理ある」と、ニュートラルな意見にシフトしたという。

頭のいい人は、長期記憶の整理が優れていて、常にパターン認識で問題を解決しようとする。しかし、「新規な情報があればすぐに取り入れたい」という柔らかい好奇心も、同時にもち合わせているのだ。

2 伸びる人・見かけ倒しの人

「価値観が合う」といった言葉は一般的にもよく使われる表現だ。しかし、心理学の世界では定義が少し厳密である。価値観とは、

「成功をおさめるために、人間がやるべき最も必要な行動は何か？」

という個人的信念や哲学だと定義づけられている。

そして、どんな価値観をもっているかによって、将来的に力を伸ばしていく人か、それとも「見かけ倒し」のまま、鳴かず飛ばず状態で終わってしまう人かが、ある程度予測されると言われている。

価値観と言えば、あたかも人間の数だけ無数にありそうに思われるものだが、繰り返し調査をしてみた結果、要約してしまえば、実は価値観とは3種類しかないことが、明らかにされている。

その中のひとつは、「物量志向」と呼ばれるものである。つまり、成功をおさめる

には、とにかく長い時間をかけて、何度でもあきらめずにトライすることが、最も必要だとする価値観である。

日本の学校教育では特に重視されている信念であるためか、成人男女の約6割が物量志向であるという調査結果がある。

こういう人たちは、「もう一度だけトライさせてください！」と、一見モチベーションが高く情熱的に見えるが、ひとたび何か思うように行かなかったとき、「自分は根性が足りない人間なんだ」「この仕事は向かないのかも」と、やたらと自責的に落ち込み、ひどい場合は鬱状態に近づいてしまうことも少なくない。そして、もう一度奮起するまで時間がかかることも実証されている。

イメージとしては、いわゆる体育会系に少なくないタイプかもしれない。たとえば初対面のとき、

「自分は、ガッツと根性が取り柄です！」

と物量志向を得意げに押してくる。

こういう人は、始めは周りに「マジメ、熱血漢、さわやか」という、一定の信頼感を与える。しかし、失敗に対してはひどく脆弱な一面があり、小さなミスをきっかけに自信喪失。結果として伸び悩むことが少なくないのだ。

さて、第二の価値観としては、「状況志向」という信念があげられる。これは文字どおり、

「うまくいかないのは取り巻きが悪い」

「状況さえ変われば、自分はもっと才能を伸ばせる」

と信じて疑わないタイプである。この手の人たちは、とにかく明るくて、物量志向のように自責的に落ち込んでしまうことはない。なんでも人のせいと思い込むわけだから、めげようがないのである。

状況志向の人口は、8対2くらいの比率で女性のほうが多いと言われている。たしかに、カウンセリングでも、

「いまの上司は私の実力をわかっていないから、能力が発揮できない」

というようなセリフを、わりと堂々と口にするのは女性に多いものだ。

想像がつくと思うが、こういう人たちは、なんの罪悪感もなく責任転嫁するのを得意とするため、約束をいきなりドタキャンしたり、迷惑をかけたままで転職したりすることも少なくない。

しかし本人は、いたって元気である。何があっても、自分のせいだとは思わないのだから。むしろ、状況志向の社員を抱えた上司のほうが、ストレスがたまってメンタ

ルヘルスに支障をきたす……、これはよく耳にする話である。

したがって、面接の時点で、自分の得手不得手などに関する情報は棚上げし、「御社のこういうところが気に入ったから、希望したんです」「私はこういう仕事がしたいので、ここを選びました」と、自己中心的な宣言をする人は要注意である。そう言われると、自社を褒められているようで悪い気がしないものだが、心理的には、「希望どおりの仕事を与えられないと、私はヤル気が出ませんよ」というメッセージを暗に含んでいることも少なくないからだ。

「いまは状況が悪い。環境さえ変わればなんとかなる」と考えることが習慣化している人は、一見明るくてリーダーシップがあるように見えるが、将来的に「伸びていく」可能性は、ゼロに等しい。

中高生を対象とした調査でも、状況志向の価値観をもつ生徒が最も学業成績が伸びないという傍証があるくらいだ。

それでは、最も「伸びる人」とは、いったいどんな価値観をもっているのだろうか。それは、「戦略志向」と呼ばれる人たちである。

彼らはうまくいかなかったとき、基本的には「自分の力不足だ」と反省するのだ

が、物量志向と決定的に違う点は、努力が足りなかったというように、漠然と落ち込むことがないところである。むしろ、

「次回はプレゼン方法と、営業のタイミングを変えてみよう」

というように、即座に、次に指す一手に思いを馳《は》せることが習慣化している。いわば、失敗を楽しむタイプである。こういう人は、成績が目に見えて伸びていくことが多い。

　物量志向は、「あのときこうすればよかった」と、過去のことをクヨクヨ悩む。しかし、戦略とは、これから変えていく未来のものであり、そういう意味で戦略志向はいつも夢をもてる。

「作戦を周到に練り、顧客心理を推理してトライするのがおもしろい」

　という、仕事に関して一見ストーカー的、オタク的なこだわりをもった人間ほど、常に一歩先を読み、着実に力を伸ばしていく可能性を、最も秘めている人だと言えるだろう。

3 使える人・使えない人

サッカーやバスケットボールといったスポーツの世界では、得点力のある選手こそが、みんなから「使える人」とみなされる。ルールやスキルについて詳しく勉強し、深い蘊蓄《うんちく》を語ることができても、点を取れない限りその人は「使えない」。これはビジネスの世界でも同じであろう。

アメリカで、バスケットボールでの「使える選手」がどのような信念をもっているのかということを調べた研究がある。

一般的に、バスケットボールの選手やコーチ、ファンは、選手に「ホットな乗り(hot streaks)」と「冷めた乗り(cold streaks)」があると信じているものだ。

つまりシュートが連続して決まるときは、
「いま自分には神がついている、ホットハンドを授かっている」
と思ってさらに熱くなり、反対に決まらないことが続くと、

「いま神から見放されている、スランプなのだ」

と考えて意気消沈する心理が、誰しも少しはある。

この研究では、そういう「ホットハンド」と呼ばれるような現象が、実際のところ確率論的に存在するのか否か、ということを、フィラデルフィア・セブンティシクサーズやボストン・セルティックスの選手を対象に、2シーズン以上にわたって丹念に調べている。

その結果として、実際にはホットハンドやスランプといった現象は、確率論的には存在せず、一度シュートを決めた選手が次のシュートも決めるかどうかということは、ほとんど「偶然」の範囲であるということがわかったのだ。

さて、この研究にはその後のおもしろいエピソードがある。

「ホットハンドやスランプは、実は存在しないんですよ」

という研究結果を、さまざまな客観的データや証拠をもって、心理学者が選手に説明しに行ったのだ。すると、

「それはそうだ。俺は始めから、そんな迷信は信じていなかった」

と、あっさり賛同する選手もいれば、

「だから何？　経験的にホットハンドは絶対に存在するし、俺はこれまでそういう信

念で戦ってきたんだ」

と、研究そのものを頭から否定する選手もいた。

そして重要な点は、実際に「使える」選手、そして得点力がどんどん伸びてきている選手は、軒並み、後者のような姿勢をもっていたということである。

つまり、学者から何が真実だと言われようとも、自分が培《つちか》ってきた「経験則」のほうを信じ抜く強さをもっているのだ。

すなわち、統計学的に正しい知識を信じているクールな人よりも、正しくない知識を信じ込んでいるホットな人のほうが、実践場面では「使える」人が多いということになる。

物事の偶然や必然について頭でっかちに考えず、「誰がなんと言っても自分はこの流儀でやっていく」という揺るぎないセオリーを（それが間違いであったとしても）信じている人のほうが、実際に伸びていく可能性が高い。使える人は、正しくない人なのである。

なぜそうなるのかというメカニズムを説明するために、ここでちょっと、二つの問題について考えてみてほしい。

①「初めて訪れたレストランで、料理のおいしさに感動した。しかし、2度め、3度

めと足を運ぶにつれ、だんだんおいしくなってきた。いったいなぜだろうか？」
②「大リーグで新人王を取った期待の選手が、2年め、3年めとだんだん成績が落ちてしまった。その原因はなんだろうか？」
　これを、もしも確率論的に正しい人が答えると、

「足を運ぶ回数を増やすほど、その店の実力がわかるようになる。そのレストランは基本的にまずい店だったのだ」

「たくさん打席に立てば本当の実力が出てくる。だんだんダメになったのは、それが彼の実力だからだ」

　ということになる。実際、数学や統計学を専攻している大学生は、このような確率論的な正答を述べる率が高い。また、高学歴である人ほど、こういった「大数法則(トライする回数が増えれば増えるほど、その確率は一定値に近づくという法則)」という客観的事実にのっとって、いわゆる正解を導く。

　しかし問題なのは、こんな「そっけない」考え方では、この話題にたった一言で終止符を打たれてしまうことだ。アイデアに広がりがなく、ここから先にはもうなんの発展性もない。

　一方で正しくない人は、こういう問題に対して、自分の経験則を強引に使い、さま

ざまな角度からバラエティ豊かな想像をめぐらす。

「料理人が代わったんじゃないの？」「忙しすぎて厨房が手を抜くようになった」「食材の質を下げたんじゃないの？」

「野球は2年めのジンクスがあるから」「相手投手に研究されてしまったんだね」「いい気になって気合が欠けてきたんだよ」

これらは、文科系の学生や、幼い子どもから多く出てくる意見。統計学的に考えれば、すべてが間違っていることになる。

しかし、それでも自分勝手なセオリーを口にする人のほうが、アイデアが膨らむ可能性が高い。ひとつのことから、新しいヒントや視点を見つけ出すための、糸口をたくさんもてるからだ。

ホットハンドを信じる選手というのは、ホットな波のタイミングを我流に試行錯誤しながら体得することで、実際に上達したのだろう。実践場面では、正しい確率論を導く学力よりも、正しくない経験則を量産し、それを信じ込んでトライする強引さが必要なのだ。

4 空気の読める人・読めない人

「空気を読む力」には、2種類がある。

そのひとつは、その場で求められているリアクションを、的確に取る力である。近年話題になっているEQ（感情偏差値）テストによっても測られているものであるが、特に、相手が尋ねていることに「だけ」、簡潔に答える技術が重視されている。

空気を読めない人は、相手の質問の意図からはそれた回答を長々と語ったり、聞かれてもいないことに対して持論を述べたりしがちである。これは、その人の「空気を読む力」の低さを、最も顕著に表す行為であろう。

質問に対してお門違いの答えをする人は、わりとそういう行為が習慣化しているため、ふだんのコミュニケーションのパターンを注意深く見ていればよくわかる。たとえば、

「AかBか？」

とこちらが選択肢を与えて尋ねているのに、それには触れず、

「僕は最近Cが……」

と、ほかの選択肢についてメインに語り始めたり、

「どんなことをしたいか？　どんな考えをもっているか？」

と「現在」のことを尋ねられているのに、

「実は以前の職場で……」「自分は子どもの頃から……」

と、過去に遡《さかのぼ》って長々と話し始めたりする。これらは、聞かれていることに答える力のない代表例と言える。緊張感の高い採用面接のときでさえ、いきなりこのような的はずれの応対をする人であれば、採用後になって「空気を読む力」を求めても、それはもう難しいことだろう。

ちなみに、EQ能力が高くても、性格的にサービス精神の旺盛な人は、質問されたこと以上のことを、よかれと思って話しすぎてしまうこともある。しかしそういう人は、自分でそのエラーに気づきやすい。したがって、

「これで答えになっているでしょうか？」

「ちょっと脱線してしまいました、すみません」

といった、軌道修正の言葉が自ずから出てくるものだ。これは、むしろかなり空気

が読める人だと言っていい。

　また、質問に答える場面だけでなく、自分の意見を語るときにも、空気を読む力は試される。

　これは、私自身がいろいろな人と接していて思うことだが、こちらからの明確な賛同や賞賛が得られるまで、ムキになってしゃべり続けるクライアントが増えている。

　特に若い人は、賛同が得られなかったり、こちらが反論を述べたりすると、微妙に不快感を顔に浮かべる人も少なくない。そうなると、こちらがあきらめて、一方的に相手を全肯定するパターンを暗黙のうちに強《し》いられるため、対等な会話のキャッチボールが成立しない。

　話の途中で、こちらの怪訝《けげん》な表情に気づくことができる人なら、

「あれ、僕、なんかヘンなこと言ってますか？」

　といった、自己内省的な言葉とともに、こちらに水を向けようとする行為が出てくるはずである。それで初めて、話がいい感じに流れる「空気」ができるものだ。

　会話の軌道修正や自己内省をすることなく、自由奔放におしゃべりするのが習慣になっている人は（友達でいるにはたまにおもしろいかもしれないが）、ビジネスでの重要な取り引きでは、空気を読めずに同僚の足を引っ張ることになるだろう。

さて、「空気を読む力」の二つめのポイントは、「テーマ」の見えづらい状況において、いかに迅速に「テーマ」を把握することができるか、ということである。

つまり、「いま何が起きているのか」というキーワードを、自力で検索し、その答えを見つけられる能力である。

私たちは頭の中に、「これが起きたら、次はこうなる」というだいたいのスクリプト（筋書き）をもっていて、それを基本に日常生活を送っている。

たとえばレストランに入れば、まず席に案内され、メニューを手に取り、その中からオーダーし、食事をすませ、会計をする。この「自明のスクリプト」を知っているからこそ、戸惑うことはない。

しかし、たとえば地中海沿いのマーケット・レストランで食事をするとなると、席に案内されることなどなく、まずグロテスクな生の食材を見て歩かされる。

このような、スクリプトと反する状況を突きつけられたとき、

「これがメニュー代わりで、どれかチョイスしろということだな」

と、自分なりに解釈して能動的に選び始めるか、それとも、

「こんなのいきなり見せられて、どうしたらいいかわからない」

と早々にサジを投げて帰ってしまうか、これは人によって完全に二通りに分かれ

る。

ビジネスの場面でも、このような自明の流れとは反するハプニングはよく起きるだろう。そういうときに、

「私は知りません」「教わってないので」

などとすぐに口にするような人は、なかなか空気を読めるような人材には育たないだろう。

始めは全体像がまったく見えなくても、クロスワードパズルを解くように、暫定的にキーワードを当てはめつつ試行錯誤していく姿勢こそが、空気を読む人にははずせない資質なのである。

5 褒めて伸びる人・シリを叩いて伸びる人

誰しも、シリを叩かれるよりも褒められるほうが、気分的にはうれしいものだ。

しかし、やりたくないことを目の前にしたときに、実際どちらの対応を取られたほうが、モチベーションに効力があるかというと、それはかなりの個人差がある。ちょっと褒められるだけでその気になる人もいるし、かなりハッパをかけられなくては腰の上がらない人もいる。

その個人差は、本人がもともと「シゾフレニア気質」なのか、それとも「メランコリック気質」なのか、というパーソナリティの問題とかなり深く関わっている。

シゾフレニア気質／メランコリック気質、これは、精神分析学において、古くからなされている代表的な気質分類法である。

シゾフレニア気質とは、統合失調症にかかりやすいとされる気質のこと、メランコリック気質とは、鬱病になりやすいとされる気質のことをさす。

統合失調症と鬱病は「二大精神疾患」と呼ばれる精神病理。古くから、どこの国においても普遍的に見られる病理として、治療法が研究されてきた。

その結果、病理として発症はしなくとも、人間がもともともっている気質において、シゾフレニアかメランコリック、どちらか一方への偏性を、誰しも素因としてもっているのだと考えられるようになってきている。

これはもちろん、「万が一、どちらかの病気になるとしたら」という仮定上の分類である。

だから、たとえばシゾフレニア気質だからといって、本当に統合失調症になるというわけではない。鬱病になるよりは、統合失調症になるほうが可能性として近い、という意味である。

このような気質の個人差は、その人の対人スタイルと大きく関わってくる。したがって、「この人はどちらのタイプの人間なのか」ということをだいたい把握できれば、多少は「正しい付き合い方」が見えてくるものだ。

まず、シゾフレニア気質の人の特徴をあげると、物事に対するこだわりが強く、「自分は自分、他人は他人」というアイデンティティを堅固に保持している。

また、筋道のたっていない話し方や、首尾一貫していない話を嫌い、現実味のない話も避けたがる。印象としては、頑固で真っすぐ。そしてやや神経質なイメージである。

このような人は、「常識」や「価値観」といったものを、自分自身で決めないと気がすまないところがある。したがって、思い込みが強く、中には些細なことで怒る人もいる。親切にしてくれるときも、その「親切」そのものが自分基準であるため、往々にして「自分の欲しいもの」を、人にプレゼントするタイプである。

このような人たちは、自分の頑《かたく》な信念を優しく見守ってほしい、認めてほしいという、「母性（マドンナ）希求」の気持ちが強い。

したがって、シゾフレニア気質の人は、自分を認めたり褒めたりしてくれる人のことは思いきり信頼し、「その人のためになら頑張ろう」と素直に思える。しかし、シリを叩かれると猛反発を覚え、つむじを曲げてしまうことも少なくない。

一方、メランコリック気質の人はこれと正反対である。

いつも他人の目を気にし、自己主張がなく、周囲に流されやすい。「みんながいいと言っているから自分もそれでいい」という判断をしがちであり、アイデンティティが薄い。

また、感覚的で直情的なところがあり、ロマンティックで非現実的な話が嫌いではない。占いや心理テストをすっかり信じる面もある。印象としては、大らかで人気者、しかしややテキトーな感じを漂わせるイメージである。

こういう人たちは、「常識」や「価値観」を自分自身では決められず、周囲との同調によって左右される。したがって、周りの人の陰口などを過度に気に病み、どう思われているかに敏感である。

ちなみに、人に何かプレゼントをするときには、シゾフレニア気質の人とは違って、「相手の欲しそうなもの」を一生懸命に想像して買うタイプである。

このような人たちは、自分にしっかりとした道筋を示してほしい、明るい方向へ引っぱっていってほしいという、「父性（カリスマ）希求」の気持ちが強い。

したがって、メランコリック気質の人は、

「こうしないとダメじゃない」

などと、明確に方向を示してくれる人に信頼を覚えやすく、シリを叩かれることでモチベーションもわきやすくなる。むしろ、褒められているあいだは、「じゃあまだいいのね」と手を抜きがちである。

これは私見であるが、日本では、シゾフレニア気質の人は中高年以上の人に多く、また、どちらかというと男性に多い。反対に、メランコリック気質の人は、若い年代に多く、どちらかというと女性に多く見られるようだ。

若い女性のシリを叩くのはなかなか難しいことかもしれないが、

「君に期待をしているからこそ、叱っている」

というメッセージのこもった叱咤激励であれば、むしろ喜ばれることが多いだろう。

6 やり抜ける人・3日で辞める人

悲しいことや悔しいことが起きると、人は心の奥で、「なぜ私にこんなことが？」という問いを本能的に発する。そして、その「なぜ？」に対して答えるのも自分自身である。

身の周りで起きたことの原因を、とっさに「何か」に求めること。これは心理学で「原因帰属」と呼ばれる行為である。そして、原因帰属のスタイルには、きわめて大きな個人差があることも明らかになっている。

一度の失敗で恐怖症になるような人、そして、すぐにイヤになって三日坊主になってしまう人には、この原因帰属に共通した傾向がある。それは、

「商談がいつもダメだったのは、自分が話しベタだから」

「私には、もともとプレゼンの素質がないから」

というように、自分の「能力」や「性格」に、即座に原因をもっていく人である。

こういう人は、失敗のたびにいちいちひどく気が滅入《めい》る。ちょっとした言葉にも傷つきやすく、自信喪失と自己嫌悪があいまって、逃避したいような気持ちが膨らんでいく。

そして、「次も失敗したらどうしよう」という余計な予期不安に襲われ、その心配から逃れるために、「これ以上恥をかく前に、もう辞めてしまおう」という極論に走ってしまう確率が低くないのだ。

「能力」や「性格」という要素は、ある程度固定的なものであり、その可変性は高くない。だから、そこに原因帰属してしまうと、もうこの先頑張ったところで、どうしようもない気がするものだ。

そのため、こういうタイプの人は、一見したところ謙虚で控えめ、無難な感じはするのだが、往々にして何をやっても長続きはしない。

その一方で、失敗原因を、反対に可変性のきわめて高いもの……、つまり「努力」や「運」などに求めるタイプの人は、いい意味でのふてぶてしさと明るさをもっており、とにかく打たれ強い。

その結果、どんなに職場状況が悪くとも、何か大失敗をしたとしても、いつの間にか立ち直り、仕事を最後までやり抜く人が多い。

「今回に限っては、いまひとつ努力不足だった」

「今回に限っては、先方との折り合いが悪かった」

というように、「だからこそ次回は、うまくいく」と、根拠のない希望の灯をともし続ける人こそ、困難なプロジェクトでもやり抜ける素質をもっていると言える。

ちなみに、反対に何かが「うまく」いったときは、この原因帰属理論も反転する。

つまり、成功の理由に限っては、

「自分には才能があるからうまくいった」

というように、今度は可変性の少ない、揺るぎない原因を信じ込むことが必要なのだ。

つまり、一言で言ってしまえば、

「失敗は偶然だけど、成功は必然」

というような、ご都合主義的な性格をもった人ほど（周りから見ると多少イライラすることはあるかもしれないが）、結果的には、最後までやり抜くタフネスをもっていることになる。


しかし、上には上がいるもので、近年の研究によると、それよりもさらにタフな種類の人たちがいるという。それは、そもそも「原因を探らない人、失敗の犯人探しをしない人」と言われている。

つまり、彼らは、「なぜ、うまくいかなかったんだ?」という原因分析にはまったく執着しない。それよりも、

「うまくいかなかったことに、どんな意味があったんだ?」

という考え方をする人が、大仕事をやり遂げる力をマックスにもっているのだ。

これは、私自身がカウンセリングをしていても、少し思い当たることがある。たとえば不登校で悩んでいる親子が来談したときなど、いつまでも問題が解決しない親子ほど、

「なぜ学校に行かないの? いったい誰のせいなの?」

という「犯人探し」に執着する傾向がある。しかし、なぜ? なぜ? と考えているうちは、人は、深い懊悩《おうのう》から脱却できないようだ。

しかし、そういう親子に対して、

「せっかく不登校になったんだから、その甲斐のあるような不登校をしないともったいないですね」

といった提案を、カウンセラーが思い切ってやってみると、事態がガラッと変わることが多い。

少なくとも子どもは乗り気になってくれ、「いまの自分にとっては、学校に行かないことにはこんな意味がある」と、積極的に親に報告するようになる。そうするうちに、目に見えて親子関係は柔らかく良好なものになり、「もう一回、協力し合って頑張ってみよう」という雰囲気が生まれやすくなるのだ。

「せっかく失敗したんだから、それを有意義に生かさないと損」

こういう発想パターンを日常的にもっていると、メンタル面の治癒がきわめて早くなるうえ、自己洞察する力も育っていくようだ。

反対に、「私の不徳のいたすところで」「僕の力不足で」などと、すぐに非を認めてやり過ごす人や、いつまでも深々と反省をする人のほうが、短期間でバーンアウトしてしまう可能性が高い。

それよりも、「自分がどんな失敗をしてきて、それにどんな意味があったのか」という本人なりの「失敗学」を、豊富にそしてやや自嘲気味に語れるくらいの余裕をもった人こそが、仕事を楽しみながら、最後までやり抜ける資質をもっていると言えるだろう。

7 リーダーになる人・なれない人

優れたリーダーとは、「P」と「M」の両方をあわせもつ人である。

Pとは「Performance」への志向性のこと。つまり、集団全員で目標達成に立ち向かっていくのを、グングンと先導していくようなエネルギーをもっているかどうか、ということである。

そして、Mとは「Maintenance」への志向性のことである。これは、集団内の人間関係を調整したり、メンタルヘルスを維持したりするような、いわゆるカウンセリング・マインドをもっているかどうか、ということである。

つまり、Pとは「パフォーマンス（結果）達成能力」、Mとは「集団メンテナンス（維持）能力」のことである。

アメリカでは、実際に各部署のリーダーがこれら二つの機能をどの程度果たしているかということを、部下に評定させている企業も少なくない。さらに、近年では官庁や学校などでも、リーダー評定の指標としてP―M軸を使った、多くの実証的な研究が行われている。

その結果、リーダーはP―Mのどちらか一方が欠けていても、部下に不満や不安を起こさせたり、仕事へのモチベーションを下げてしまったりすることが明らかになっている。

反対に、誰からも「この上司にはずっとついていきたい」と高評価を受けるリーダーは、P―M両方の能力が際立って高い。これは、どちらもはずせない能力なのだ。

それではまず、「P＝パフォーマンス達成能力」の高い人とはどんな人だろうか。

これに関して、心理学者のドシャームは、こんなことを述べている。

人には「オリジン型」と「ポーン型」の2種類がいる。オリジン（origin）というのはチェスの指し手、ポーン（pawn）はチェスのコマ、それも前に一歩ずつしか動きようのない、将棋でいう「歩」にあたるコマのことである。

オリジン型の人は、

「自分がどうふるまうかは、自分の意識でいかようにも決定できる」という認識を強くもっている。反対にポーン型の人は、何もかもが外的な力によって支配され、自分はそれに従うしかないとの意識をもっている。

そして、人を引っ張り上げていく「パフォーマンス達成能力」をもっている人は、決まってオリジン型の信念を強固にもっているというのだ。

ちなみに、自分は管理職だからオリジン型だとか、アシスタントだからポーン型だという問題は関係ない。大事なのは、「自分はオリジン型なのだ」という思い込みである。

たとえばせっかく社長になっても、

「景気が悪いし政府の経済政策もまずいから、経営もうまくいかない」

と、ポーン的な考え方の人もいる。これだと、立場は社長でも、景気や政府がチェスの指し手で、自分がチェスのコマになってしまっている。その意味で、「P＝パフォーマンス達成能力」というリーダーの資質はないと言っていいだろう。

一方、普通の社員であっても、

「最近のマーケットの動きから見て、次にはこんなニーズが出てくるに違いない。次の会議でさっそく提案しなければ」

といった具合に、きわめてオリジン的な意識の人も存在している。このような人は、人生は自分が主人公となって創造していくものと信じているため、いつでも無理なく明るく、楽しそうに見える。

はたから見たら苦痛そうなルーティンワークであっても、本人なりに、その中からやりがいや独自のこだわりを見つけ出し、人生というチェスをおもしろがる。こういう人は、人気を集めるリーダー的存在となる可能性を秘めていると言える。

それでは、リーダーに必要とされるもうひとつの要素、「M＝集団メンテナンス能力」の高い人は、どんな人だろうか。

それは、「曖昧さへの耐性」という能力の高い人である、と言われている。たとえば、社内でいろいろな対立意見が出て収拾がつかなくなったとき、

「今日はもうここまでだね。この件は明日に」

と思いきって打ち切り、グレーのままで帰宅できる人である。

すぐにその場で白黒をつけ、早急な結論に達しなければ気がすまない人は、一見しっかり者には見えるが、長期的には集団内のムードを悪化させやすく、結果として不信感を生みやすいことが明らかになっている。

部下がヒートアップしているときに、それと一緒になって熱くなるようなリーダーでは、集団のバランスを取ることはできないのだ。

むしろ一人ひとりの意見は傾聴するが、ひとつの課題を長時間引きずらずに決断を「延期」できる、曖昧さへの耐性が不可欠なのである。

まとめると、よきリーダーになれる人とは、仕事に関しては「自分がチェスの指し手、だから自分についてこい」という強引さと鋭さを隠さないが、人間関係に関しては、「いますぐに決着をつけなくてもいいじゃないか」というゆるやかさと鈍感さをあわせもっている人、ということになるだろう。

8 修羅場に強い人・弱い人

修羅場に強いことは、喧嘩に強いこととは異なる。

大事な取引先や同僚を相手にして、完全に打ち負かすような言動をぶつけてしまえば、基盤となる人間関係そのものが破綻《はたん》してしまい元も子もないからだ。

トラブルが起きたときに、いつの間にか喧嘩腰になってしまう人。いかに自分が有能であり、潔癖であり、被害者であるかと熱弁をふるう人。相手を崖っ縁ギリギリまで追いつめ、謝罪を余儀なくさせる人。

こういう人は、その場ではいかにも「勝った」ように見える。しかし長期的なスパンでの人間関係は、そこで終了してしまう。後先を考えられなくなって大きく吠えてしまうのは、むしろ修羅場に弱い人がやってしまう行為だろう。

では、修羅場に強い人とはどんな人だろうか。それは、修羅場を「修羅場っぽく」しない人だと言える。つまり、どんなに窮地に追いやられていても、人間関係だけは壊さない配慮を最後まで通せる人である。

怒っている相手に正面からぶつかっていくのではなく、いかにサラリと、ときとしてノラリクラリと「回避」することができるか。その狡猾さと肝の据わり方が、重要なのである。

修羅場を修羅場っぽくしないための必要条件、これには、第2章で紹介した「メタ認知能力」が、大きく関わってくる。

相手の発する言葉尻にとらわれたり、目の前で起きていることに振り回されたりしているうちは、頭に血が上ってこちらも余計なことを言い返してしまう。

すると、いつまでも話が平行線をたどるのみならず、だんだん枝葉末節なことまで絡みつつ膨らんできて、いったい「なんの修羅場」なのかがわからなくなる。

これはカウンセリング中にもよく起きることだ。

ときとして、カウンセラーに対して猛烈な不満と敵意をあらわにし、泣いたり暴れたり、ときには自殺をチラつかせたりして、それこそとんでもない修羅場と化すことがある。

そういうとき、カウンセリンググルームには、

「あれもこれも問題山積み。もうどうしようもない」

というような絶望的感覚が、一瞬漂うものだ。

しかし、相手の言い分を聞きながらも、こちらがあたかも2階席から、いまの「修羅場劇場」を見物しているかのような感覚（＝メタ認知）さえ忘れなければ、その絶望の霧がわりとすぐに晴れていくのを感じ、落ち着いて対処できるようになる。

これは私の経験則だが、どんな修羅場でも、本当に問題の核となっていることは「ひとつ」しかない。修羅場になっているときは、揉めている要素があたかも無限にあるような目眩《めま》いを感じるものだ。しかしそれは、ネガティブな幻想であることが多い。

少し離れた位置に立って、修羅場の原因をたどってみれば、「互いが気に食わないこと」「互いが譲り合えないところ」は結局ひとつに集約されるのだ。

その中軸となっているところを指摘し、「ここさえ解決すればあとはスムーズに行くんですよね」という明るい展望を示すことができれば、破綻するような修羅場にはならず、むしろ互いにとって建設的なコミュニケーションの場に変わることが多い。

ところで、このメタ認知能力は、男女によって得意分野がかなり異なることが実証されてきている。

男性は、何か具体的な仕事に取り組んでいるときは、目の前のことを坦々《たんたん》とこなす。話をしているときも、相手の言葉一つひとつに意識を集中する。つまり、何かの「最中」には、メタ認知のスイッチを切っていることが多い。

そして仕事が一息ついたあとになって、メタ認知がパッと活性化されることが明らかになっている。したがって、多くの男性は、時間の経過とともに徐々に自己内省を深め、

「あのとき何がよくて、何が悪かったのか」

ということを少しずつ分析し、次に生かそうと準備する傾向があるのだ。

そのため、修羅場の最中は頭が真っ白になるが、あとになって「ああ言えばよかった」とクヨクヨしたり、ムカムカ苛立ちがわき起こったりしてくる。これは圧倒的に男性に多い。

しかし、女性は、話でも仕事でも、何かをしている最中、つまり「オンライン」の状態のときに、メタ認知を活発に動かす傾向がある。

相手の話を聞きながらも、

「これってなんの話かしら?」「なんでこの人こんなこと言うの?」

という思いを頭の隅で巡らせたり、次のセリフを考えたりするデュアルタスク（二重課題）が得意である。悪く言えば、あまり目の前のことに集中しないのだ。

つまり、もともと修羅場に強いのは、生得的には女性であるということになる。

「いまはそんな話、いいじゃないですか」「怒らせてごめんなさい」と、修羅場劇場をクスッと笑えるような女性。そういう存在こそが、修羅場を修羅場っぽくしないという点において、実は最も即戦力になるのかもしれない。

9 裏切る人・裏切らない人

約束事をドタキャンしたり、急に考えを変えてソッポを向いたりする人は、それが日常的な「癖」になっている人が多い。

カウンセリングに来る人でも、

「次週までに○○をしてこよう」「××は我慢してやめよう」

などと、自らの提案でカウンセラーと固く指切りをしても、翌日にはあっさりそれを破ってしまう人は少なくない。しかし彼らには、人をあざむいてやろうとか、裏切ってやろうという悪意を不思議なほど感じないものだ。

当の本人も、そういう行動が相手をガッカリさせているという罪悪感を、さほども っていないことが多い。

「小さな裏切り」が癖のようになってしまっている人たち。彼らには、エゴイズムというような芯の強さを感じない。むしろ、どちらかといえば「意志欠如型」であることが多い。

話をしていても、「自分はこうしたい、こうなりたい」という一貫した信念やアイデンティティが希薄で、見た目の印象としても、独特のボンヤリした覇気のなさと、「暖簾《のれん》にウデ押し」的な優柔不断さを漂わせている。

そして大きな特徴は、約束を破ったときや社会的ルールをおかしたとき、そのときは見るからに落ち込んで反省するということだ。しかし、こちらにまるでアピールするように落ち込む人ほど、立ち直るのもまた早く、懲りずに同じ裏切りを繰り返してしまうものだ。

国内外の調査においても、実は犯罪者に最も多いとされているのが、凶悪者や欺瞞者というよりも、このような「意志薄弱者」だと言われている。しかも、意志薄弱によって引き起こされた犯罪は、計画的犯罪よりも再犯率がずっと高い。

「自分はこうしたい」というポリシーをもたない人、あまりに従順すぎる人、誰からでも簡単に左右されてしまう人は、なんの悪意もなく人を裏切り、それを繰り返してしまう可能性がある。逆に、生意気なくらい自分の考えをぶつけてくる人は、プライドの高さゆえに、約束を破らないことが多い。

また、「自己愛過多型（ナルシシズム型）」と呼ばれる人も、プロジェクトの途中でいきなり降りたり、歩調を乱すようなエゴイスティックな態度を取り始めたりすることがある。意志薄弱者とは異なり、自分本位のエゴをむき出しにするタイプである。

これはどちらかというと女性に多いとされている。周囲の関心を引きたいという気持ちが大きくなると、手段は選ばない。いきなり「裏切る」という方法を使ってでも、衆目を集めようとする。

こういう人は、始めは天性とも思えるほど媚びることがうまく、魅力的に見える人が多い。クライアントの中にも、(カウンセラーの私が女であるにもかかわらず)セクシャルな格好で上目遣いをしながら話をする女性がいる。彼女たちはほとんど自動的に、誰に対しても同じパターンの雰囲気を出しているようだ。

自己愛過多型の人たちは、何か気に入らないことがあると、「当然の権利」として人を裏切る。そのため、迷惑をかけたりトラブルを起こしたのは自分であっても、むしろ被害者的な感情を抱えているのが特徴だ。

カウンセリングの予約をすっぽかしても、彼女たちは絶対に自分が悪いとは思わない。「先生がちゃんとしてくれないから、今日は病院に行けないくらい具合が悪かった」と、逆ギレしながら号泣されることもしばしばである。

また、自己愛過多型のもうひとつの特徴としては、いつも多弁に自分のことを語り、注目を集めようとすることもあげられる。

極端な例ではあるが、マスコミの前で自分の潔白や心情について大げさに語る容疑者は、あとで鑑定をしてみたら自己愛過多型のパーソナリティであることが少なくない。

・

このように、意志欠如で覇気のなさすぎる人と、反対に過度に魅力的にふるまい目立ちたがる人は、自分でも気づかぬうちに、相手を簡単に裏切ってしまうことが「癖」になっていることが多いのだ。

さらに、単なる「癖」ではなく、もっと作為的に相手を裏切ってしまう人の特徴をあげておこう。それは、端的に言うと「見捨てられ不安」が極端に強い人であると言える。

一般的に、ひとりの人間のもつ「感情の正負」の絶対値は等しい。つまり、よく笑う人はよく泣くし、厳しく叱る人は深く愛す。反対に、あまり悲しまない人はあまり喜ばないし、あまり他人に期待しない人は、さほどガッカリもしない。

だからこそ、「見捨てられ不安」の感情の強い人には要注意なのである。

「絶対についていきます。なんでもするから僕を信じてください。僕を捨てないでください」

と言わんばかりの、すがる気持ちをあらわにする人。イエスマンのみに徹する人。彼らは、一見人懐《なつ》っこくて可愛いように見えるが、状況が変われば、他人を簡単に切り捨てる冷たさをもっている。

「見捨てられたらどうしよう」という強い不安は、「そうなる前に、こちらから先に仕掛けておこう」という、過剰な防衛反応を引き起こすからだ。いつも不安そうにオドオドしている人に限って、いきなり大きな裏切り行為に出てくることは少なくない。

逆に考えれば、こちらの言動をいつでも完全無防備に信じきってくれる人、さらに、ときとして堂々と反論を口にしてくれる人は、信頼に値する人と言えるだろう。

10　5億円稼げる人・500万円どまりの人

大規模な事業を成功させたり、新機軸の発明をしたりする人には、あるひとつの共通点がある。それは、「アナロジーの力」が優れているという点だ。

アナロジーとは、直訳すれば「類推」するということ。平たく言ってしまえば、真似する力である。

成功者とは、恥もガイブンも捨てて何かをうまく真似し、それを自分の事業の中に取り込むという行為に、きわめて優れた才能を発揮する人と言える。

一般的に、新機軸と言えば、あたかも「無」の状態から「有」を生み出すようなクリエーションを思い浮かべがちである。しかし現実的には、そんなことはほとんどあり得ない。

夢のない話に聞こえるかもしれないが、「発明」にまつわる心理学研究によると、近年なされてきたほとんどすべての発明は、すでに昔から存在しているなんらかのアイデアを機軸とし、角度を変えた新たな「有」を、洗練した形で紡ぎ出しているにすぎないという。

過去に遡って考えても、太陽の周りを回る惑星の関係から、原子核の周りを電子が回っているという原子構造に思い至った、物理学者ラザフォードの類推の発想法は、あまりに有名なエピソードである。

類推する手がかり、つまりアナロジーの力をまったくもたずして、いきなり無から有を生み出して億万長者に……、これは現実的にはほとんど無理だと言っていい。

つまり、

「私は、誰も思いつかなかったような、クリエイティブな仕事をしたくて、この会社にきたんです！」

などと息巻いているあいだは、残念ながらクリエイティブな事業からはほど遠いという、皮肉な結果になる。モチベーションはやたらと高いし人望もある。それなのに、なぜかいつまでも500万円どまり……、きっとそれは、こういう類の人たちだろう。

これは私自身の経験だが、ビジネスで大成功をおさめた億万長者が、メンタルヘルスの相談でカウンセリングにやってきたり、またはそのような人と雑誌取材で対談をする機会をいただいたりすることがある。そこで彼らの話を聞いていると、軒並みに、本当に昔の偉人のことをよく勉強している。その知識の豊富さは圧巻。まさに「温故知新」を体現している人であると、いつも感じさせられる。

５億円というような大成功を現実化できる人たちは、どうやら「無から有を生んでやろう」などとは、考えてもいない。むしろ、クリエイティビティというものの存在を、笑い飛ばす傾向にすらある。

彼らは、真似るための素材を両手一杯にもち、その素材からアナロジーを積極的に引き出す。そして、まだ手垢のつけられていない「穴場」をかぎ分けることに全神経を注ぎ込み、過去の偉人たちのエッセンスを、そこでうまい具合にリサイクルしているのだ。

ただし、いくらアナロジーが重要とはいえ、もちろんただの「サル真似」で奏功するものではない。

これは、アナロジーに関する心理学研究において、さかんに論議されてきたことであるが、新機軸を生み出すには、とにかく「抽象度」の高いアナロジーが不可欠であると言われている。

同じ現象を目《ま》の当たりにしても、具体的なことにしか目が行かない人は、アナロジーの能力が低い。しかし、「一を聞いて十を知る」という言葉があるように、その現象の構造やメカニズムといった、次元の高いところに関心をもつ習慣のある人は、効果的なアナロジーが可能になるのだ。

この説明では少しわかりにくいかもしれない。そこで実際に、「アナロジーの力」を測定する実験において、よく引き合いに出されている、次の問題についてちょっと考えてみてほしい。

「ある要塞を攻め落とすために、1万人程度の大軍を送り込む必要がある。しかし1万人を総動員して一気に攻め落とそうとすると、途中で地雷にやられてしまい、軍が壊滅してしまう恐れがある。どうやって攻めればよいか?」

正解例としては、「一気に行かずに、軍を10隊くらいに細かく分散して、あらゆる方向からバラバラに攻め込む。要塞において、最大限の兵数が集結するようにすればいい」ということになるだろう。

さてこのエピソードから、あなたはいったいどんなことを類推するだろうか。もし、アナロジーの力のあまりない人だったら、

「戦術とは奥深いものだ」「地雷の威力は恐ろしい」

という、具象に引きずられた低レベルの感想に終始してしまう。たしかにその感想は間違っているわけではないが、それだけでは、ほかの仕事に生かしようがなく、新たな開発にもつながらないのだ。

しかし、たとえば、

「力を分散したあとで最大化するという方法とは、考えたものだな」

というような、ストーリーの根幹をなす抽象的なポイントを探って感心できる人ならば、アナロジーの力をほかの仕事にも発揮できる。

実際、この「戦術話」からのアナロジーによって、とある外科医師は、「微弱なレーザーをあらゆる角度から分散して照射し、ガン細胞の位置で最大値にする」という、安全かつ効率的な術式に思い至り、世に発表した。もちろん彼は大成功し、いまや有名な億万長者だ。

過去の偉業にただならぬ関心をもち、温故知新を体現する人。そして、「これをどこかで真似するぞ」というアナロジーの野心をもつ人こそが、大成功の可能性をもっとも強く秘めていると言えるだろう。

おわりに　人を見る目がない人にならない方法

「先生は、人の心なんてすぐお見通しでしょう。一緒にいると、なんだか見透かされているようでコワいです」

突然そんなことを言われて、返事に窮することがある。心理学者という職業には、少なからぬ人が「心の千里眼」のようなイメージを抱いているようだ。

しかし残念ながら、そんな便利なことがあるはずはない。

たしかに職業がら、「心の本質を深く知りたい」というモチベーションは、ほかの人よりも高いかもしれない。しかし、初対面で何もかもズバリ……、などという快挙は、正直なところかつて一度だって経験したことがない。

ひとりのクライアントと何度も向き合い、本当に少しずつ、話を掘り下げながら相手を知っていく。心の声を傾聴しようと奮闘はするものの、ときには大きな誤解をし、余計なことを言って怒らせてしまうことだってある。

それに、ここだけの話……、患者のパーソナリティについて診断する「見立て」

は、同業の心理学者同士、カウンセラー同士であっても、往々にして少しずつ異なるのだ。むしろ、「この人は、こんなタイプですよね」という、ただひとつのコンセンサスに集束することのほうが、稀であるような気さえする。

つまり、「人を見抜くプロ」であるはずの心理学者同士においても、その価値観が完璧に一致することは、ほとんどゼロに等しいのが現状である。

いわんや普通の会社の上司と部下、管理職と営業マンにおいてをや。そして男性と女性、親と子……、このような世代や立場の異なる人間同士では、おのおのの「人間観」のズレも、ことさらであろう。大きな「期待はずれ」と「買いかぶり」はお互い様。あらゆる場面で頻発しているはずだ。

「なんであんな人が気に入られるんだろう？」

「なんで彼だけが出世するんだろう？」

そういう不平等感と苛立ちは、いつの時代でも社会全体に蔓延している。やはり私たち人類の脳は、「人を見抜く」ことにおいて、けっして優秀とは言えないようだ。

その原因のすべては、本書でも一貫して述べてきたとおり、脳のもつ「節約原理（＝ケチ脳）」に起因していると、私自身は考えている。無駄な情報はなるべく見ない、聞かない、捨てる。

このきわめて合理的な進化と引き換えに、人間は情報収集の「貪欲さ」を失うとともに、客観性と網羅性もかえって失ってしまった。

それに加えて、スケジュールの過密さや、人間関係の煩雑さ、そして「勝ち組・負け組」といった極端な競争社会の風潮、それに伴う、まるで足を引っ張り合うような歪んだライバル心……、こういった現代特有の状況要因は、もともとあるケチ脳の働きに、さらなる拍車をかけていることだろう。

「眼」は、テレビカメラが対象人物をスキャニングするように、相手を「そのまま」映しているのではない。自分が見たいもの、関心の強いもの、親近感のあるものを取捨選択し、都合のよいことだけを偏った形でインプットする。

本書執筆にあたり、国内外の研究を広く概観する機会に恵まれたが、やはりこれはどうしても否《いな》めない事実であるようだ。

しかも、このメカニズムは、いかに熟練のカウンセラーであろうと、人事のカリスマであろうと、お見合い斡旋の腕利きだろうと、基本的にはさほど変わりはしない。誰もが生得的に有している、揺るがしがたい頑健な性質だからだ。

ただ、本書で紹介したような学術的知見を、どのくらい「事実」として認識しているか。そして、それを実生活でどのくらい自覚し、ケチではなく貪欲に物事を観察するか。さらに何よりも、自分の「眼力の限界」を、どのくらいクリティカルに自分で疑うことができるか。

そういった探究心、忍耐力、謙虚さといったパーソナリティには、たいへん大きな個人差がある。人を正しく知りたいというモチベーションの高さは、実際の眼力に少なからず相関している。「どうせ自分は人を見る目のない人間」などと開き直ったら、もうケチ脳のなすがまま。そこで完全に頭打ちとなる。

しかし反対に、人間観察の貪欲さと積極性がどこまでも高じていくと、行き着くゴールは「無条件の肯定的共感」という行為であると、私は信じている。

ケチ脳に振り回されて判断しているあいだは、人は人のことを「ひとごと」としてしか処理できない。すると例の、歪んだ「2回の見誤り」が自然発生的に勃発する。

しかし、相手のことを本当に深く見抜こうとすれば、いかにこちらが権威ある面接官であろうと、社内の大きな論争の最中であろうとも、

「もし自分が彼の立場だったら、いまこんな気持ちだろう」

「相手はこういうつもりで、この発言をしているのだろうな」

というように、自分の感情の渦にとらわれることなく、相手の視点で状況を考えるようになる。

相手の行為について一方的に評価を下す目線だけでなく、まずは無条件に、相手のことを心の中で肯定してみるのだ。どんな憎たらしい相手であっても、そこは我慢である。「彼はこういうつもりなんだろうな。なるほど、なるほど」と、心の中で徹底的に共感するのだ。

これは遠回りのように見えて、実はそうではない。相手の心の機微を体感し、思惑を掌握し、さらに相手を乗せて本音をしゃべらせるための究極の近道である。相手視線と自分視線という二つの眼を意識している限り、生得的なケチ脳はかなり抑制される。

これは学問ベースでも実証されている現象であり、私自身、ひとりの実践者として確かなことだと日々痛感している。

ちなみに、ちょっと話はずれるかもしれないが……、たとえば誰かと大恋愛をしているとき、私たちはずいぶん貪欲に、隅々まで相手の表情や声に耳をすまし、些細なことでもいつまでも記憶にとどめていることができるではないか。

それはまさに、相手に対する「無条件の肯定的共感」の姿勢がマックスになっているからであろう。脳内の記憶メカニズムからケチ脳ストッパーがはずれ、貪欲に働く条件が整っているからこそ、そんな力が生まれるのである。

まあ、とはいえ、「好きな相手に関しては、いい面しか見たくない」という防衛心理があとあと働くために、結局は見間違えたアウトプットだけが残りがちにはなってしまうのだが……。

何はともあれ、心理学的に「ケチ脳」の存在やステレオタイプといった現象について熟知し、共感という観察手段を取り入れることは、「人が真剣に人を見る」、という作業において、けっしてはずせない要因である。

その重要性や効果がわかっているつもりではあっても、我々心理カウンセラーも、少し油断をするとそれを忘れがちになり、ついついエゴイスティックな見方に偏ってしまうことがある。

心理に関して物知りだからといって、なんとなく全知全能のような錯覚を少しでも起こすと、本当に大きな見間違いをしてしまう。具体的なエピソードはさすがに割愛させていただくが、私自身、個人的にかなり大きな期待はずれや買いかぶりに傷つき、何かと苦しんできたひとりの人間である。

人はなぜ、人を見誤るのか。本書の執筆は、そういった自戒と反省の念を込めつつ、それこそ貪欲に実験データを収集し、人が人を見ることについて、その危うさと限界、そして希望と可能性を考察しながらまとめさせていただいた。

人事面接、商談、恋愛、合コンなど……、幅広い分野において、読者それぞれの立場から、少しでも有用と思われる箇所を拾い上げていただければ幸いである。

末筆になったが、本書の企画構成から編集にあたり、講談社の鈴木章一氏、木所隆介氏、中村誠一氏には、たいへん多くの労を取っていただいた。この場を借りて心から感謝を申し上げたい。

引用文献

Ackil, J. K. & Zaragoza, M. S. (1998). Memorial consequences of forced confabulation: Age differences in susceptibility to false memories. Developmental Psychology, 34, 1358-1372.

Andersson, J. & Rönnberg, J. (1995). Recall suffers from collaboration: Joint recall effects of friendship and task complexity. Applied Cognitive Psychology, 9, 199-211.

Andersson, J. & Rönnberg, J. (1996). Collaboration and memory: Effects of dyadic retrieval on different memory tasks. Applied Cognitive Psychology, 10, 171-181.

Aronson, E. & Linder, D. (1965). Gain and loss of esteem as determinants of interpersonal attractiveness. Journal of Experimental Social Psychology, 1, 156-171.

Asch, S. (1946). Forming impressions of personality. Journal of Abnormal and Social Psychology, 41, 258-290.

Basden, B. H., Basden, D. R., Bryner, S. & Thomas, R. L. (1997). A comparison of group and individual remembering: Does collaboration disrupt retrieval strategies? Journal of Experimental Psychology: Learning, Memory & Cognition, 23, 1176-1191.

Basden, B. H., Basden, D. R. & Henry, S. (2000). Cost and benefits of collaborative remembering. Applied Cognitive Psychology, 14, 497- 507.

Betz, A. L. & Skowronski, J. J. (1997). Self-events and other events: Temporal dating and event memory. Memory & Cognition, 25, 701-714.

Bodenhausen, Galen V. & Robert S. Wyer (1985). Effects of Stereotypes on Decision-Making and Information-Processing Strategies, Journal of Personality and Social Psychology, 48 (2), 267-282.

Bower, G. H. (1981). Mood and Memory. American Psychologist, 36, 129 - 148.

Brewer, M. B., Feinstein & Harasty, A. (1999). Dual processes in the cognitive representation of persons and social categories. In S. Chaiken & Y. Trope (Eds.), Dual-Process Theories in Social Psychology (pp. 255 - 270). New York: Guilford.

Brewer, W. F. & Treyens, J. C. (1981). Role of schemata in memory for places. Cognitive Psychology, 13, 207-230.

Brown, R. & Kulik, J. (1977). Flashbulb memories. Cognition, 5, 73-99.

Bruner, J. S. & Tagiuri,R. (1954). The perception of people. In G. Lindzey (Ed.), Handbook of social psychology. Addison-Wesley.

Bull, R. & Rumsey, N. 仁平義明監訳（1995）『人間にとって顔とは何か—心理学からみた容貌の影響』講談社ブルーバックス

Clark, M. S. & Isen, A. M. (1982). Toward understanding the relationship between feeling states and social behavior. In A. H. Hastorf &A. M. Isen (Eds.), Cognitive social psychology (pp. 73-108). Amsterdam: Elsevier/North-Holland.

Conway, M. A. (1995). Flashbulb memories. Hove, U.K./ Erlbaum.

Darley, C. F. & Glass, A. L. (1975). Effects of reheasal and serial list position on recall. Journal of Experimental Psychology, Human Learning and Memory, 104, 453-458.

Darley, J. M. & Gross, P. H. (1983). A hypothesis-confirming bias in labeling effects. Journal of Personality and Social Psychology, 44, 20-33.

Fisher, R. P. & Geiselman, R.E. (1992). Memory-enhancing techniques for investigative interviewing: The Cognitive Interview. Springfield III.

Fiske, S. T. & Morling, B. (1996). Stereotyping as a function of personal control motives and capacity constraints: The odd couple of power and anxiety. In R. M. Sorrentino & E. T. Higgins (Eds.), Handbook of Motivation and Cognition (Vol. 3; pp. 322-346). New York: Guilford.

Forgas, J. P. & Bower, G. H. (1987). Mood effects on person-perception judgments. Journal of Personality and Social Psychology, 53, 53-60.

Garry, M., Manning, C. G., Loftus, E. F. & Sherman, S. J. (1996). Imagination inflation: Imagining a childhood event inflates confidence that it occurred. Psychonomic Bulletin & Review, 3, 208-214.

Goff, L. M. & Roediger, H. L., III (1998). Imagination inflation for actionevents: Repeated imaginings lead to illusory recollections. Memory & Cognition, 26, 20-33.

Goodwin, S., Gubin, A., Fiske, S. & Yzerbyt, V. (2000). Power can bias impression processes: Stereotyping subordinates by default and by design. Group Processes and Intergroup Relations, 3, 227-256.

Gudjonsson, G. H. (1987). A parallel form of the Gudjonsson Suggestibility Scale. British Journal of Clinical Psychology, 26, 215-221.

Gudjonsson, G. H. (1992). Interrogative suggestibility: Factor analysis of the Gudjonsson Suggestibility Scale (GSS 2). Personality and Individual Differences, 13, 479-481.

Gudjonsson, G. H. (1997). Accusations by adults of childhood sexual abuse: A survey of the members of the British False Memory Society (BFMS). Applied Cognitive Psychology, 11, 3-18.

Heaps, C. M. & Nash, M. (2001). Comparing recollective experience in true and false autobiographical memories. Journal of experimental psychology: Learning, Memory, and Cognition, 4, 920-930.

Hyman, I. E. & Billings, F. J. (1998). Individual differences and the creation of false childhood memories. Memory, 6, 1-20.

Hyman, I. E. & Pentland, J. (1996). The role of mental imagery in the creation of false childhood memories. Journal of Memory and Language, 35, 101-117.

厳島行雄（2001）「目撃証言と記憶の過程―符号化、貯蔵、検索」、渡部保夫（監修）『目撃証言の研究―法と心理学の架け橋をもとめて』北大路書房（pp.22-51）

Kelley, C. M. & Jacoby, L. L. (1996). Adult egocentrism: Subjective experience versus analytic bases for judgment. Journal of Memory and Language, 35, 157-175.

Lindsay, D. S. & Read, J. D. (1994). Psychotherapy and memories of childhood sexual abuse: A cognitive perspective. Applied Cognitive Psychology, 8, 281-338.

Loftus, E. (1993). The Reality of Repressed Memories: American Psychologist, 48, 518-537.

Loftus, E., Polonsky, S. & Fullilove, M. (1994). Memories of Childhood Sexual Abuse: Remembering and Repressing. Psychology of Women Quarterly, 18, 67-84.

Loftus, E. & Ketcham, K. (1994). The Myth of Repressed Memory. N.Y.: St. Martin's Press.

Loftus, E. & Pickrell, J. E. (1995) The formation of false memories. Psychiatric Annals, 25, 720-725.

Loftus,E.F. (1979). Eyewitness testimony. Cambridge,MA: Wiley.

Mathews, A. & Bradley, B. (1983). Mood and the self-reference bias in recall. Behaviour Research and Therapy, 21, 233-239.

森直久（1995）「共同想起事態における想起の機能と集団の性格」『心理学評論』38号、107-136

仲真紀子（2002）「対話行動の認知」井上毅・佐藤浩一（編）『日常認知の心理学』北大路書房（pp.147-167）

越智啓太（1998）「目撃者に対するインタビュー手法—認知インタビュー研究の動向」『犯罪心理学研究』36巻、49-66

Pope, K. S. & Brown, L. (1996). Recovered memories of abuse: Assessment, therapy, forensics. Washington, DC: American Psychological Association.

Porter, S., Birt, A. R., Yuille, J.C. & Lehman, D.R. (2000). Negotiating false memories: Interviewer and rememberer characteristics relate to memory distortion. Psychological Science, 11, 507-510.

Rudman, L. A. & Borgida, E. (1995). The afterglow of construct accessibility: The behavioral consequences of priming men to view women as sexual objects. Journal of Experimental Social Psychology, 31,493-517.

Ruscher, J. B. & Duval, L. L. (1998). Multiple communicators with unique target information transmit less stereotypical impressions. Journal of Personality and Social Psychology, 74, 329-344.

Ruscher, J. B. & Hammer, E. D. (1994). Revising disrupted impressions through conversation. Journal of Personality and Social Psychology, 66, 530-541.

Schooler, J. W. & Engstler-Schooler, T. Y. (1990). Verbal overshadowing of visual memories: Some things are better left unsaid. Cognitive Psychology, 22, 36-71.

Singer, J. A. & Salovey, P. (1988). Mood and memory: Evaluating the network theory of affect. Clinical Psychology Review, 8, 211-251.

Snyder, M. & White, P. (1982). Moods and memories: Elation, depression, and the remembering of the events of one's life. Journal of Personality, 50, 149-167.

Stevens, L. E. & Fiske, S. T. (2000). Motivated impressions of a powerholder: Accuracy under task dependency and misperception under evaluation dependency. Personality and Social Psychology Bulletin, 26, 907-922.

多鹿秀継・濱島秀樹（1999）「実験室で作り出された虚偽の記憶研究Ｉ」『愛知教育大学研究報告』48号，73-79

Tajfel, H. & Turner, J. C. (1986). The social identity theory of intergroup behavior. In S. Worchel & L. W. Austin (Eds.), Psychology of Intergroup Relations. Chicago: Nelson-Hall.

Tajfel, H. (Ed.). (1978). Differentiation between social groups: Studies in the social psychology of intergroup relations. London: Academic Press.

Taylor, D. M. & Jaggi, V. (1974). Ethnocentrism and causal attribution in a south indian context. Journal of Cross-Cultural Psychology, 5, 162-171.

Turner, J. C. (1978). Social comparison, similarity and ingroup favouritism. In H. Tajfel (Ed.), Differentiation between social groups (pp. 233-250). London: Academic Press.

Walker, W. R., Vogl, R. J. & Thompson, C. P. (1997). Autobiographical memory: Unpleasantness fades faster than pleasantness over time. Applied Cognitive Psychology, 11, 399-413.

Weldon, M. S. & Bellinger, K. D. (1997). Collective memory: Collaborative and individual processes in remembering. Journal of Experimental Psychology: Learning, Memory, & Cognition, 23, 1160-1175.

Williams, M. D. & Hollan, J. D. (1981). The process of retrieval from very long-term memory. Cognitive Science, 5, 87-119.

本書は2008年4月に小社より刊行された単行本
『人を見る目がない人』を改題したものです。

植木理恵―1975年、大分県生まれ。心理学者、臨床心理士。お茶の水女子大学卒業。2003年、東京大学大学院教育学研究科博士課程単位取得退学後、文部科学省特別研究員として心理学の実証的研究を行う。日本教育心理学会において、最難関の「城戸奨励賞」「優秀論文賞」を史上最年少で連続受賞。慶應義塾大学講師を務める一方で、「ホンマでっか!?TV」（フジテレビ系）などの番組にも出演し、心理学をわかりやすく解説している。
著書には『ウツになりたいという病』（集英社新書）、『フシギなくらい見えてくる！　本当にわかる心理学』（日本実業出版社）、『シロクマのことだけは考えるな！　人生が急にオモシロくなる心理術』（マガジンハウス）、『好かれる技術　心理学が教える2分の法則』（新潮文庫）などがある。

講談社＋α文庫　たった三回《さんかい》会《あ》うだけでその人《ひと》の本質《ほんしつ》がわかる

植《う》木《き》理《り》恵《え》

2011年6月20日第1刷発行

発行者――鈴木　哲
発行所――株式会社　講談社
東京都文京区音羽2-12-21　〒112-8001
電話　出版部(03)5395-3532
販売部(03)5395-5817
業務部(03)5395-3615

カバーイラスト――CSA Images/Getty Images
著者写真――椎野　充（講談社写真部）
デザイン――鈴木成一デザイン室
本文データ制作――講談社プリプレス管理部
カバー印刷――凸版印刷株式会社
印刷――大日本印刷株式会社
製本――株式会社千曲堂

落丁本・乱丁本は購入書店名を明記のうえ、小社業務部あてにお送りください。
送料は小社負担にてお取り替えします。
なお、この本の内容についてのお問い合わせは
生活文化第三出版部あてにお願いいたします。
Printed in Japan ISBN978-4-06-281429-4
定価はカバーに表示してあります。